金融街10号丛书
The Series of No.10 Financial Street

中央国债登记结算有限责任公司
CHINA CENTRAL DEPOSITORY & CLEARING CO., LTD.

RESEARCH ON CREDIT BOND FINANCING
OF SCI-TECH INNOVATION ENTERPRISES

科技创新企业信用债券融资研究

中央国债登记结算有限责任公司 ◎ 著

中国金融出版社

责任编辑：王　君
责任校对：潘　洁
责任印制：丁淮宾

图书在版编目（CIP）数据

科技创新企业信用债券融资研究/中央国债登记结算有限责任公司著．—北京：中国金融出版社，2023.8
（金融街10号丛书）
ISBN 978－7－5220－2051－8

Ⅰ．①科…　Ⅱ．①中…　Ⅲ．①高技术企业—信用—债券融资—研究—中国　Ⅳ．①F832.51

中国国家版本馆CIP数据核字（2023）第101989号

科技创新企业信用债券融资研究
KEJI CHUANGXIN QIYE XINYONG ZHAIQUAN RONGZI YANJIU
出版
发行　中国金融出版社
社址　北京市丰台区益泽路2号
市场开发部　（010）66024766，63805472，63439533（传真）
网上书店　http：//www.chinafph.com
（010）66024766，63372837（传真）
读者服务部　（010）66070833，62568380
邮编　100071
经销　新华书店
印刷　保利达印务有限公司
尺寸　185毫米×260毫米
印张　6
字数　122千
版次　2023年8月第1版
印次　2023年8月第1次印刷
定价　36.00元
ISBN 978－7－5220－2051－8

编　委　会

序　言

近年来，科技创新在我国的战略地位不断升级，债券市场对科创企业融资的支持日益强化，科创债券市场建设成果初显。2015 年以来，市场陆续推出支持科技创新的债券品种。2017 年，证监会发布《中国证监会关于开展创新创业公司债券试点的指导意见》。2021 年，沪深交易所在上述试点基础上推出科技创新公司债券，为成长型、初创型企业服务，引导市场募集资金投资国家核心前沿科创领域；银行间市场开展高成长型企业债务融资工具试点，支持具备科技创新能力、拥有核心技术的创新型企业融资。2022 年沪深交易所及银行间市场分别推出科技创新公司债券、科创票据品种。2022 年，全市场发行科技创新公司债券与科创票据的合计规模已达千亿元量级，市场前景可观。

我国经济已进入高质量发展阶段，党中央提出实施创新驱动发展战略，将创新列为新发展理念之首。近年来，金融市场持续通过产品与机制创新支持科创企业融资。随着股票科创板设立、北交所揭牌，股权融资领域对科创企业发展的支持体系日趋完善。与此同时，市场对建立并发展科创债券融资市场的呼声日益强烈。在此背景下，发展科创债券融资市场具有多方面的意义。一是拓宽科创企业融资渠道，支持中小企业、民营企业发展。开展科创债券融资试点，以增量改革的方式增强债券市场对科创企业的包容性，能让有发展前景的科创企业获得更多、更便利的资金支持，能够加速科技成果向现实生产力转化，引领经济发展向创新驱动转型。二是增强债券市场对科技创新企业的融资服务能力。完善科创债券融资的相关制度，是坚持金融服务实体经济的具体举措，也是落实创新驱动发展战略的现实选择，能够引导各类金融资源加快向科技创新领域聚集，提升债券市场服务实体经济的能力。三是完善债券市场自身的制度建设。开展科创债券融资研究和试点，可以充分发挥证券注册制在提高发行效率、推动信息披露标准化建设、促进中介机构尽职履责、培育专业投资者等方面的作用，为债券市场注册制的全面落地实施提供可复制、可推广的经验，对进一步推动我国债券市场制度建设具有重要意义。

近年来，债券市场支持科技创新的力度不断增强，规模持续扩容，但在信息披露等具体机制方面仍然存在完善空间。一是以财务指标为核心的信息披露体系难以体现科创企业投资价值。现阶段，债券业务涉及的信息披露文件已基本实现模板化，总体上以披露综合财务指标为核心特征。多数科创企业持有较多无形资产，财务指标表现相对较弱，现有的信息披露内容难以准确、充分地体现其投资价值。二是现有信息披露制度未能充分揭示科创企业风险。认识与理解科创企业模式与技术的门槛往往较高，投资者需要更多信息交叉校验分析从而进行风险识别。机制方面，债券市场当前主要依靠企业进行信息披露，由监管机构或自律组织确定信息披露模板，缺乏投资者主动获取信息的渠道。内容方面，可从多维度体现科创企业经营稳健性的信息亦未出现在信息披露要素当中。三是债券市场现有的中介机构选聘模式存在改进空间。在我国传统的中介机构选聘模式下，评级结果的产生过程容易存在道德风险。

中央国债登记结算有限责任公司（以下简称中央结算公司）由国务院批准并出资设立，自成立以来忠实履行国家金融基础设施职责，全面深度参与中国债券市场的培育和建设。截至2022年末，中央结算公司托管债券余额为96万亿元，占债券市场托管余额七成以上。根据管理部门的授权，中央结算公司长期从事信用债券登记托管和受理审核工作，并为信用债券全生命周期管理提供服务。

在创新驱动发展战略等国家顶层设计引领下，中央结算公司响应业界关于建设并发展科创债券市场的呼吁，于2020年上半年启动课题研究，多次召开内外部座谈会，充分征求不同领域的市场专家意见，研究成果获得各方充分肯定；于2022在中国债券信息网上发布研究报告主要内容，并以此为基础编写本书。在此，对所有参与讨论、研究并提出意见的专家表示衷心感谢！

本书聚焦科技创新企业的债券融资问题，通过理论与实践相结合的方式，系统总结科创企业进行债券融资的基本规律，全面梳理与之相关的债券品种创新实践和国际高收益债券市场发展实践，以期汲取其中的可借鉴经验。在此基础上，本书立足中国实际，针对典型科技创新企业的债券融资实践进行市场调研和案例分析，研究并提出服务科创企业信用债券融资全流程的机制创新方案，同时，充分吸收当前金融科技发展的最新实践，建议创新中介机构选择制度、备案登记制度以及信息披露制度，探索性引入大数据风控、区块链应用等技术创新方案，以期为科创企业信用债券融资提供更为充分的技术支撑。书中提出的中介机构选择制度等创新建议被有关部门考虑吸纳在监管政策中。

党的二十大报告提出，坚持创新在我国现代化建设全局中的核心地位，营造有利于科技型中小微企业成长的良好环境。近年来，我国对于支持科创企业成长、开展科创债券市场建设的顶层设计与区域规划逐步铺开，探索推进中国科创债券市场建设适逢其时。希望本书能够帮助各方对更好地建设我国科创债券市场形成有益思考，助推我国债券市场健康发展。

科创债课题组

2023 年 7 月

目 录

第一章 综 述

第一节 课题研究范畴

近年来，债券市场已推出多种支持科技创新中小企业融资的债券品种，如战略性新兴产业专项债、中小企业私募债、高成长型企业债务融资工具、科技创新公司债等。从实践看，上述品种对于缓解科创企业融资难题起到了积极作用，但仍有进一步提升的空间。本课题聚焦科技创新企业的债券融资问题，系统梳理与之相关的债券品种创新实践，汲取其中可资借鉴的经验和有益做法；与此同时，考虑到探索实践方案的可操作性、针对性、适应性和兼容性，课题也针对典型科技创新企业的债券融资实践进行案例分析和市场调研，系统梳理了与之相关的国际高收益债券市场发展实践。通过理论与实践相结合的方式，课题组总结了科创企业的债券融资基本规律，在立足中国实际的基础上，提出服务科技创新企业信用债券融资“借用管还”全流程的机制创新方案。与此同时，课题组还充分吸收当前金融科技发展的最新实践，建议探索性引入大数据风控、区块链应用等技术方案，以期为科创企业信用债券融资提供更为充分的技术支撑，助力我国科创企业信用债券市场健康发展。

一、课题研究背景与目标

当前，我国科创企业在融资端面临着较为复杂的博弈环境：在股权融资方面，股权资金的注入存在稀释科创企业控制权的问题；在债权融资方面，就贷款而言，我国银行为大多数科创企业提供的授信额度呈现出规模小、期限短的特点，尚不能充分满足科创企业的融资需求；在民间借贷方面，往往存在成本较高、潜在风险较大的问题。在此背景下，债券市场透明度高、市场化程度强、投资者需求多元等方面的特点，为推进产品创新、助力科创企业融资提供了较为广阔的空间。从国际实践看，科创企业信用债券市场发展已较为成熟。国内方面，虽然科创债市场起步较晚，但具备成熟经验可借鉴的后发优势，与此同时，当前大数据、隐私计算、区块链等前沿技术的发展也为科创企业债券市场提供了较为广阔的发展前景。

国家“十四五”规划纲要指出，要把科技自立自强作为国家发展的战略支撑，加快建设科技强国，鼓励金融机构发展科技金融产品。近年来，科技保险、知识产权质押融资等科技金融产品创新频出，不断丰富着科创企业融资工具箱。随着科创企业融资信息不对称等痛点日益明晰，金融科技与科技金融日趋成为一体两面的有机体。近年来，金融科技手段已被广泛应用于金融服务、信息共享、数据分析等领域，助力缓解债券市场的信息不对称问题，加强投资者保护。

本课题提出了覆盖科创企业信用债券全生命周期的创新方案，包括中介机构选择制度创新、备案登记/注册制度创新以及信息披露制度创新等。课题方案为科创企业提供了一种新的融资方案，作为其融资工具箱的边际增量补充，使得科创企业在贷款、股权等渠道之外可以更好地选择通过债券进行融资，获得资金条件可能优于信贷且无须稀释控制权的发展资金。课题的首要目标是以试点方式稳慎探索创新实践，并在试点中持续完善方案，以期为债券市场提供一种可复制可推广的创新经验。课题方案以助力科创企业融资为主要目标，在条件成熟后，可探索试点推动“债券科创板”的建设。

二、课题研究的必要性

（一）有利于落实国家创新驱动发展战略

科技是第一生产力，创新是第一动力。实施科技创新驱动发展战略，是加快转变经济发展方式、提高我国综合国力和国际竞争力的必然要求和战略举措。我们要依托创新驱动发展破解经济发展深层次矛盾问题。与欧美发达国家相比，我国资本市场支持企业进行科技创新的能力有待进一步提升。开展科创企业信用债券融资试点，以增量改革的方式增强债券市场对科创企业的包容性，能让有发展前景的科创企业获得更多、更便利的资金支持，可以有效提升债券市场服务科创企业发展的能力，加速科技成果向现实生产力转化，引领经济发展向创新驱动转型。

（二）有利于应对国际科技竞争

当前，新一轮工业革命正在加速推进，全球科技竞争日益加剧。美国从提高对华商品关税到实施技术封锁，再到对华高科技企业实行“长臂管辖”，中美经贸摩擦逐渐向“科技战”演化，科技竞争已成为中美两国经贸摩擦的重要角力场。应对国际竞争的根本之道是提高自主创新能力，提升国家科技创新水平。探索开展科创企业信用债券融资试点，有利于完善支持科创企业自主创新的金融服务体系，破除科创企业融资制约因素，提升科创企业金融支持效果；有利于缓解科创企业融资困难，支持科创企业聚焦技术研发攻关，助力我国在激烈的国际科技竞争中赢得优势地位。

（三）有利于完善债券市场制度建设

近年来债券违约的常态化对债券市场制度建设提出了更高要求，注册制在资本市场的推行正处于关键落地阶段。开展科创企业信用债券融资试点，可以充分发挥证券注册制在提高发行效率、推动信息披露标准化建设、促进中介机构尽职履责、培育专业投资者等方面的作用，为债券市场注册制的全面落地实施提供可复制、可推广的经验，对进一步推动我国债券市场制度建设具有重要意义。

（四）有利于推动发展区域性债券市场

目前，我国的公司信用类债券市场主要由银行间债券市场和交易所债券市场两个全国性市场组成，以上市场均呈现出主要由大机构发债和大机构投债的“双大结构”，较难为各地区性中小企业提供投融资服务。未来可依托科创企业信用债券融资试点，探索区域性债券市场的创新实践，根据本地经济发展与产业结构情况因地制宜地为中小企业债券发行拟定流程和标准，为中小企业融资提供新渠道。国内多地的区域性债券市场此前在发行门槛打开、主体资质下沉等方面进行了丰富探索，但最终的实践结果往往不尽如人意，其中，将个人投资者引入市场是多数实践失败的重要原因：随着发行门槛的打开，部分风险较高的主体进入市场，而数量庞大的个人投资者在风险识别与承受方面的能力远低于机构投资者，最终在债券出现违约后，甚至会演变出涉众型事件。汲取区域性债券市场的历史经验教训，本方案将不会允许个人投资者参与试点。

第二节 课题研究的可行性

一、法律制度和相关政策支持科创企业融资

在创新驱动发展战略引领下，国家大力支持科创型企业融资。其中，中小企业、民营企业作为科创型企业的重要组成部分也获得重点扶持。

一是落实注册制改革，推动公司信用债市场高质量发展。2020 年 3 月施行的《证券法》明确规定公开发行证券实行注册制。2021 年 8 月，中国人民银行等六部委联合发布关于推动公司信用类债券市场改革开放高质量发展的指导意见，为提升民营科创企业发债融资可得性和便利度指明了方向。

二是支持以科创企业为代表的中小企业、民营企业通过债券融资。《中共中央、国务院关于营造更好发展环境支持民营企业改革发展的意见》指出，支持民营企业发行债券，降低可转债发行门槛。中共中央办公厅、国务院办公厅《关于促进中小企业健康发展的指导意见》（以下简称《中小企业发展意见》）指出，要进一步完善债券发行机制，实施民营企业债券融资支持工具，支持民营企业合理债券融资需求。国务院领导小组办公室《为“专精特新”中小企业办实事清单》指出，支持“专精特新”中小企业开展债券融资，通过市场化机制开发更多适合中小企业的债券品种，完善中小企业债券融资增信机制，扩大债券融资规模。

三是多渠道降低科创企业融资成本。《中小企业发展意见》指出，要完善知识产权质押融资风险分担补偿机制，发挥知识产权增信增贷作用；加快发挥国家融资担保基金作用，引导担保机构逐步取消反担保，降低担保费率。

二、现有法律框架下非公开发行试点无重大障碍

课题试点以非公开发行为主，备案登记制度不违反相关法律规定。《证券法》规定，公开发行证券需报相关行政监管部门注册。也就是说，注册制相关要求仅针对公开发行的情形。关于债券非公开发行应履行的程序，《证券法》没有明确规定，仍存在法律空白。根据公司债券和非金融企业债务融资工具的实践情况，公司债券非公开发行采用事后备案管理模式，承销机构或发行人在每次发行完成后5个工作日内向中国证券业协会报备。非金融企业债务融资工具定向发行虽采用事前注册模式，但审核流程和信息披露要求相较于公开发行明显宽松，更多体现为对拟发行债券的登记管理。科创债券非公开发行不违反现行法律规定，且符合目前对于公司信用类债券非公开与定向发行的监管实践。

三、试点支持单位具备成熟的技术实力和完备的方案设计

中央国债登记结算有限责任公司（以下简称中央结算公司）具备提供债券发行全生命周期的服务能力，能够满足试点的基础设施需要。中央结算公司为中国债券市场提供包括债券发行、登记托管、交易结算、付息兑付、估值、担保品管理、信息披露等在内的全生命周期服务，同时作为企业债券受理审核机构，具备公司信用债券受理审核方面的经验优势。

与此同时，课题组设计了较为完备的债券发行全流程方案与风险防控机制体系。试点方案覆盖了从申请参与试点到债券发行的全流程，草拟了各主体参与试点的主协议、发行业务规则以及中介机构选聘规则，设置了覆盖宏观、中观、微观层面，紧扣事前、事中、事后环节的风险防控机制体系，制定了“实验—试点—推广”三步走的试点落地战略。

综合观之，科创企业信用债券融资试点在政策、法律、操作层面均具有可行性。未来，可在充分论证、科学规划的前提下，将科创企业信用债券融资试点纳入地方发展规划或改革试点当中，由地方主动承接国家政策，率先开展科创企业信用债券融资试点，探索“债券科创板”建设方案。

第三节　课题研究方法

本课题所采用的研究方法包括经验总结法、案例分析法、实地调研法和理论研究法。

一是经验总结法。课题系统梳理了我国债券市场支持科技创新企业融资的制度建设、政策制定和市场实践经验，全面总结了与科创企业信用债券融资有密切联系的国际高收益债券市场发展实践经验。充分的国内外经验梳理和总结为课题研究视角的全

面性和纵深性提供了较为坚实的保障。

二是案例分析法。课题从区域债券市场建设和科创企业融资等角度展开案例分析，系统阐述和分析湾区A市债券市场建设情况、特斯拉等国际科创企业信用债券融资实践等。翔实的案例分析为课题研究方案的稳慎性和创新性提供了较为充分的基础。

三是实地调研法。课题紧密结合中国实际，对包括管理部门、各类发行人、投资人和专业机构在内的60余家代表性机构进行了深入调研。广泛的调研对于课题组把握市场痛点、政策难点起到了积极作用，为课题方案的可操作性提供了有益助力。

四是理论研究法。课题为增强实践方案的理论基础，深入而全面地梳理了科创企业融资、中小企业融资、高收益债券市场发展等多方面的理论研究材料，对明确课题研究的必要性、可行性和前瞻性提供了重要助益。

第二章　我国债券市场支持科技创新企业融资的现状

第一节　我国债券市场支持科创企业融资的发展现状

一、我国债券市场支持科创企业融资的总体现状

近年来，我国债券市场对科创企业的融资支持力度不断增强。为解决科技创新型企业融资难、融资贵问题，扶持中小企业发展，在党的十八大提出创新驱动发展战略，十八届五中全会鲜明提出创新、协调、绿色、开放和共享的新发展理念后，党中央、国务院作出了一系列重要战略部署。《中共中央、国务院关于深化体制机制改革加快实施创新驱动发展战略的若干意见》（2015 年 3 月 13 日）、《国务院关于大力推进大众创业万众创新若干政策措施的意见》（2015 年 6 月 11 日）以及《中共中央、国务院关于深化投融资体制改革的意见》（2016 年 7 月 5 日）等文件明确指出：支持符合条件的创新创业企业发行公司债券，鼓励创业企业通过债券市场筹集资金，通过多种方式加大对种子期、初创期企业投资项目的金融支持力度，有针对性地为双创项目提供股权、债权以及信用贷款等融资综合服务。加大创新力度，丰富债券品种，进一步发展企业债券、公司债券、非金融企业债务融资工具、项目收益债等，支持重点领域投资项目通过债券市场筹措资金。这些文件对发挥交易所债券市场功能、切实支持创新创业企业拓宽融资渠道提出了明确要求。2020 年 3 月，《中共中央、国务院关于构建更加完善的要素市场化配置体制机制的意见》指出，要丰富债券市场品种、推动信用信息深度开发利用、增加服务小微企业和民营企业的金融服务供给。

重庆、四川、济南等各地方政府也出台了相应的支持政策。人民银行、国家发展改革委、财政部、银保监会、证监会、外汇管理局、重庆市政府、四川省政府联合发布《成渝共建西部金融中心规划》，提出“拓宽科创企业融资渠道……鼓励符合条件的金融机构和企业在债券市场发行创业投资基金类债券、双创债务融资工具、双创金融债券和创新创业公司债。探索科技型中小企业定向发行高收益债券”。其后，《重庆市人民政府关于印发重庆市金融改革发展“十四五”规划（2021—2025 年）的通

知》提出畅通科创领域直接融资渠道。探索高收益科创债发展路径，推动符合条件的交易场所创新发展可转债、可交换债等股债结合的融资工具，为科创企业提供便捷发行与交易服务。面向中小科创企业，探索建立跨区域柜台债券市场，创新优先票据、次级票据、担保债券等产品，建立债券担保、违约处置、信息披露机制，完善投资者保护与兑付违约处置机制。鼓励发行创业投资基金类债券、双创金融债、双创公司债等债券工具。

二、企业债券支持科创企业融资实践

（一）中小企业集合债

中小企业集合债是以信用资产联盟为基础，由一个核心机构作为牵头人，多个中小企业共同参与的企业债券形式。中小企业集合债体现了企业信用联合的特征，统一冠名，统一发行，分别负债，并共同承担连带担保责任。对债务人来说，共同发债的企业共担风险，有助于降低和防范债券风险，提高债券的信用级别，减少发债成本。2009 年，《国务院关于进一步促进中小企业发展的若干意见》明确提出，“要稳步扩大中小企业集合债券和短期融资券的发行规模”。同年 11 月，《银行间债券市场中小非金融企业集合票据业务指引》正式发布，进一步为中小企业发行集合债券开辟了新渠道。

中小企业集合债的创新之处在于通过中小企业之间融资合作，提高发债企业对外整体信用等级，产生信用聚集效应，形成合作企业之间的信用资产联盟。具体来说，中小企业集合债具有如下优势：第一，拓宽中小企业直接融资渠道，实现企业之间信用资产的优化组合。由于存在信用、规模等约束，单个中小企业发债难度大，而集合债券运用信用增级的原理使中小企业发债变得相对容易，可以为一批有发展潜力的中小企业提供融资机会，不再局限于银行贷款和股权融资渠道，由此拓展新的融资渠道。第二，获得外部信用资产注入，形成多层次风险防范体系与多方面偿债保障。中小企业融资难的原因，包括投资机构的组织形态、融资方式以及融资对象的组织形态、治理结构等方面；企业自身信用资产不足则是制约中小企业融资能力的深层次原因。中小企业集合债有助于获得大量的外部信用资产注入，形成了多层次的风险防范体系与多方面偿债保障。在担保环节，各地区做法不尽相同，主要采用统一担保与分别担保相结合的方式，构筑起多层次的担保体系。一般的做法是，由一家符合担保条件的机构提供总担保，其他若干专业担保公司提供反担保。已成功发行的中小企业集合债在担保体系构建、准入制度确定、发行上市等环节上均得到来自政府的大力支持。第三，债券融资具有税盾优势，是综合成本较低的外源融资方式。该模式的优点在于解决中小企业信用等级低、融资规模小而发债成本高的难题，能够充分发挥规模效应，降低融资成本。发行于 2007 年 11 月的深圳中小企业集合债券（“07 深中小债”）是我国第一只中小企业集合债券；中关村中小企业集合债券（“07 中关村中小债”）发行于同年 12 月；2009 年 4 月成功发行的 6 年期大连中小企业集合债券（“09 大连中小债”），则是在银监会禁止各类银行为企业债提供担保之后发行的第一只中小企业集合债。从集合债券年利率看，“07 深中小债” 为5.7%，“07 中关村中小债” 为6.68%，“09 大连中小债” 为6.53%。基于各债券在增信与政策支持等方面的机制安排，综合考虑债券的发行手续费及审计、评级、律师等费用，发行利率低于同期限商业银行贷款利率，融资成本比同期银行贷款综合成本低30%左右，节约了企业财务成本。

（二）小微企业增信集合债券

2013 年，为缓解中小微企业因信用评级低、抵押不足而无法通过债券市场募集低成本资金的融资难、融资贵问题，国家发展改革委颁布《国家发展改革委关于加强小微企业融资服务支持小微企业发展的指导意见》（发改财金〔2013〕1410 号），推出了小微企业集合债券，提出加大国家新兴产业创投计划实施力度，全面提升对创新型小微企业的增值服务水平。由信用优良企业发行小微企业增信集合债，募集资金通过商业银行以委托贷款形式为小微企业提供流动性支持。考虑到新冠疫情的影响，《国家发展改革委办公厅关于开展2021 年度企业债券本息兑付风险排查和存续期监管有关工作的通知》（2020 年12 月15 日）指出，在2021 年继续鼓励信用优良企业发行小微企业增信集合债券，为受疫情影响的中小微企业提供流动性支持。允许债券发行人使用不超过40%的债券资金用于补充营运资金，同时将委托贷款集中度的要求放宽为对单个委贷对象发放的委贷资金累计余额不得超过5000 万元且不得超过小微债募集资金总规模的10%。

小微企业增信集合债券在促进小微企业债券融资方面具有如下优势：一是具有三层偿债机制。小微企业增信集合债券的偿债来源首先是小微企业归还的贷款本息，其次来源于风险储备金和政府风险缓释基金。风险储备金即募集资金投放过程中带来的资金收入，主要是委托贷款利率与债券发行利率之间形成的利差收入。政府风险缓释基金由地方政府划拨专项资金，金额通常为债券发行规模的5%。最后来源于发行人的偿付，若小微企业增信集合债券有第三方担保，还可以来源于第三方担保机构的代偿。二是发行效率高。国家发展改革委在《国家发展改革委办公厅关于进一步改进企业债券发行审核工作的通知》（发改办财金〔2013〕957 号）明确了小微企业增信集合债券属于加快审核、简化审核程序的券种。三是不需要募投项目。一般企业债券发行需有特定资金投向，而小微企业增信集合债券因为含有委托贷款环节，其不需要涉及具体的建设项目，也不需要在申报时明确具体委贷对象。

（三）战略性新兴产业专项债券

2015 年3 月，为贯彻《国务院关于加快培育和发展战略性新兴产业的决定》（2010 年10 月）精神，落实当年中央经济工作会议精神和国务院有关工作部署，加大企业债券对培育和发展战略性新兴产业的支持力度，引导和鼓励社会投入，国家发展改革委出台了《战略性新兴产业专项债券发行指引》。战略性新兴产业专项债券重点支持节能环保、新一代信息技术、生物、高端装备制造、新能源、新材料等战略性新兴产业主体发行债券。

战略性新兴产业专项债券的主要创新与优势包括：一是鼓励节能环保、新一代信息技术等领域符合条件的企业发行战略性新兴产业专项债券融资。二是对符合发债条件的企业，比照国家发展改革委“加快和简化审核类”债券审核程序，提高审核效率。三是鼓励采取“债贷组合”增信方式，由商业银行进行债券和贷款统筹管理。四是允许企业根据项目资金回流具体情况科学设计债券发行方案，支持合理灵活设置债券期限、选择权及还本付息方式。支持发债企业利用债券资金优化债务结构，在偿债保障措施较为完善的情况下，允许企业将不超过50%的募集资金用于偿还银行贷款和补充营运资金。积极探索知识产权质押担保方式。允许企业发债募集资金用于战略性新兴产业领域兼并重组、购买知识产权等。五是鼓励地方政府综合运用多种金融财政政策，统筹加大对企业发行战略性新兴产业专项债券政策扶持力度。六是将原则上需提供担保措施的资产负债率要求放宽至75%；主体评级达到AAA级的企业，资产负债率要求进一步放宽至80%。七是积极开展债券品种创新，对符合条件的战略性新兴产业类项目，开展项目收益债券试点。

战略性新兴产业专项债券明确了支持企业的范围，降低了企业发债要求，赋予发债企业在债券发行和募集资金用途方面更大的自由度，支持科创企业使用适合自身特点的担保方式进行增信融资，鼓励地方政府加大政策扶持力度，在当时背景下相对其他债券品种具有一定优势。但该品种推出后，企业债相关法规进行了较大调整，一般企业债在债券发行和募集资金用途方面灵活性有所提高，战略性新兴产业专项债券优势有所降低。同时，战略性新兴产业专项债券虽放宽了发债限制，但大多数科创企业受自身特征限制仍难以满足发债要求。截至2021年末，战略性新兴产业专项债券仅发行2只，发行规模共15.7亿元。当前亟须对现有战略性新兴产业专项债券进行优化设计，在新的背景条件下充分发挥战略性新兴产业专项债券对科创企业的融资支持作用。

（四）双创孵化专项债券

2015年11月，为充分发挥各类创新主体的创造潜能，形成“大众创业、万众创新”的生动局面，加大企业债券融资方式对双创孵化项目的支持力度，引导和鼓励社会投入，国家发展改革委出台《双创孵化专项债券发行指引》。双创孵化专项债券的募集资金可用于涉及双创孵化服务的新建基础设施、扩容改造、系统提升、建立分园、收购现有设施并改造等。

双创孵化专项债券的主要创新与优势包括：一是支持提供双创孵化服务的产业类企业或园区经营公司发行双创孵化专项债券，募集资金用于涉及双创孵化服务的新建基础设施、扩容改造、系统提升、建立分园、收购现有设施并改造等。二是对符合发债条件的企业，比照国家发展改革委“加快和简化审核类”债券审核程序，提高审核效率。三是对符合条件企业可适当调整企业债券审核政策及国家发展改革委2014年10月发布的《关于全面加强企业债券风险防范的若干意见》中规定的部分准入条件。四是支持运营情况较好的双创孵化园区经营公司，在偿债保障措施完善的条件下发行双创孵化专项债券用于优化公司债务结构。五是鼓励地方政府积极引导社会资本参与双创孵化项目建设，综合运用多种政策工具支持双创孵化专项债券发行。六是优化双创孵化专项债券品种方案设计，允许企业根据项目资金回流具体情况科学设计债券发行方案，允许发债企业在偿债保障措施较为完善的情况下，将不超过50%的募集资金用于偿还银行贷款和补充营运资金，积极探索预期收益质押担保方式。七是鼓励双创孵化项目采取“债贷组合”增信方式，由商业银行进行债券和贷款统筹管理。八是积极开展债券品种创新，对于具有稳定偿债资金来源的双创孵化项目，发行项目收益债券；对于回收期较长的项目，支持发行可续期或超长期债券。九是支持符合条件的创业投资企业、股权投资企业、双创孵化投资基金发行双创孵化债券，专项用于投资双创孵化项目。

专项债扩容至双创孵化项目，有利于提高中小企业融资效率，有利于对创业型企业提供有效融资支持。双创孵化专项债券限制条件的放宽也提升了该类债券的市场吸引力。截至2021年末，双创孵化专项债券共发行42只，规模总计422.10亿元。从实际效果来看，双创孵化专项债券主要还是在支持提供双创孵化服务的城投公司或园区经营企业，募集资金较多地用于双创孵化相关的基础设施新建、改造、提升等，而非投放给真正意义上的双创企业。因此，双创孵化专项债券对科创企业的支持方式较为间接，对科创企业的支持力度也相对有限。

三、公司债券支持科创企业融资实践

（一）中小企业私募债券

为拓宽中小微企业融资渠道，服务实体经济发展，2012年3月，中国证监会提出了试点中小企业私募债的新型融资产品的方案，随后形成了中小企业私募债的制度框架。2012年5月，沪深交易所分别发布《中小企业私募债券业务试点办法》和业务指引，中小企业私募债正式启动。2012年6月，深交所通过了首批共9家中小企业私募备案申请，票面利率在9.5%～13.5%之间，期限为1～3年。

中小企业私募债券是中小微型企业以非公开方式发行和转让的新型公司债券。符合工业和信息化部《中小企业划型标准规定》的非房地产和金融类企业均可发行。中小企业私募债券具有以下几个特点：一是采用备案制私募发行，发行周期短。沪深交易所专门成立备案小组对申请发行中小企业私募债券的申请资料进行完备性审核。交易所备案不对债券的投资价值、风险或者收益作出判断，债券投资风险由投资者自行承担。备案制申报流程相对简单，申报周期较短，一般15～20个工作日即可完成备案工作，发行效率大幅提高。二是发行利率上限提高到同期银行贷款基准利率的3倍。三是资金使用灵活，债务结构合理，对发行主体的财务情况和信用评级均没有进行限定，而且对募集资金投向没有严格的规定和限制。私募债券发行总额可由发行人根据业务需要与承销商自行协商确定。私募债券募集资金投向要求宽松，募集资金可用于偿还银行贷款、补充流动资金、投资等，能灵活满足中小微企业生产、经营和投资等多种需求。四是积极进行产品设计创新。中小企业私募债券既可以由一个发行主体单独发行，也可以由两个以上主体集合发行。计息方式上也可自由选择贴现式、附息式固定利率或附息式浮动利率等方式。产品设计中可设置附认股权或者可转股条款，减少发行人的融资成本及风险。在附加条款上，可以设置附发行人赎回、上调票面利率选择权或者投资者回售选择权等条款。五是注重投资者权益保护。除有受托管理人、债券持有人会议和内外增信措施制度外，中小企业私募债券要求发行人设立偿债保证金专户用于本息兑付的管理，且要求发行人应当采取限制股息分配措施以保障私募债券本息按时兑付，并承诺若未能足额提取偿债保证金，不以现金方式进行利润分配。

发行中小企业私募债券要求发债企业能够证明公司治理结构规范，企业运行状态良好，企业拥有较好的现金流和资金偿还能力，但并未对申请发行中小企业私募债券的企业在盈利能力、企业净资产、所募资金用途、债券发行规模、是否具备评级和担保等方面作出强制性规定及要求，大幅降低了中小企业债券市场融资门槛，也为科创企业通过债券市场融资创造了条件。中小企业私募债券在2013年一度出现发行小高潮。但随着业务试点的深入，中小企业私募债券本身存在的投资风险较高、收益率吸引力不足、流动性较差、发行成本过高、增信难度较大等问题也逐渐浮出水面。在第一批试点中小企业私募债券的投资热潮后，市场已逐渐采取观望态度，购买需求主要集中在国企主体或者强担保的中小企业私募债券中，对民营且担保实力不足的中小企业私募债券持谨慎态度；发行人也主要集中在建筑工程、化工、水务等重资产行业，支持中小微企业和科创企业的市场功能并未得到充分发挥。2014年后中小企业私募债券发行速度明显减缓。2015年1月证监会颁布《公司债券发行与交易管理办法》①，沪深证券交易所于同年5月分别颁布非公开发行公司债券业务管理暂行办法，同时废止中小企业私募债券业务试点办法和试点业务指南，自非公开发行公司债券业务管理办法发布日起不再专门对中小企业私募债券进行发行备案，之后中小企业私募债券开始逐渐淡出市场机构的视野。截至2015年末，中小企业私募债券总共发行876只，发行规模共计1314.58亿元，平均票面利率为9.31%。

（二）创新创业公司债券

2017年7月4日，证监会发布了《中国证监会关于开展创新创业公司债券试点的指导意见》（中国证券监督管理委员会公告〔2017〕10号，以下简称《指导意见》），明确了上海证券交易所与深圳证券交易所开展创新创业公司债券试点的相关工作和要求。根据《指导意见》，创新创业公司债券是指符合条件的创新创业公司、创业投资公司，依照《公司法》《证券法》《公司债券发行与交易管理办法》和其他法律法规及部门规章发行的公司债券。证监会推出创新创业公司债券，是贯彻落实党中央、国务院深化投融资体制改革、加快实施创新驱动发展战略、大力推进大众创业万众创新的具体举措。创新创业公司债券能够发挥交易所债券市场功能、切实支持“双创”企业融资，对于丰富公司债券发行主体结构，拓宽中小企业融资渠道，切实支持科技创新创

① 2021年，证监会对该办法进行修订，明确非公开发行公司的监管机制。

业具有重要意义。发行创新创业公司债券除须满足一般公司债券的发行条件外，《指导意见》还要求发行主体满足作为创新创业公司或创业投资公司的条件。

创新创业公司，是指从事高新技术产品研发、生产和服务，或者具有创新业态、创新商业模式的中小型公司；创业投资公司，是指符合《私募投资基金监督管理暂行办法》《创业投资企业管理暂行办法》等有关规定，向创新创业企业进行股权投资的公司制创业投资基金和创业投资基金管理机构。发行创新创业公司债券募集的资金应专项投资于种子期、初创期、成长期的创新创业公司的股权。创新创业公司和创业投资公司目前范围比较广，试点前期重点支持两类企业发行。一是注册或主要经营地在国家“双创”示范基地、全面创新改革试验区域、国家综合配套改革试验区、国家高新技术产业园区和国家自主创新示范区等创新创业资源集聚区域内的公司。二是已纳入全国中小企业股份转让系统（新三板）创新层的挂牌公司。新三板创新层有比较严格的准入标准，《全国中小企业股份转让系统分层管理办法》设置了三套并行标准。

创新创业公司债券在支持科创企业方面具有以下特点。一是审核速度快。双创债券在交易所受理及审核设立专项机制，实行“专人对接、专项审核”，适用“即报即审”政策，以提高上市审核、挂牌转让条件确认工作效率。二是政策支持力度大。通过政府担保、补贴等支持手段，双创债券综合发行成本可低于贷款利率。例如，全国首单绿色双创债（疫情防控债）“20 凯伦 SG”的综合融资成本仅为 1.1%。苏州市工业园区、北京中关村、杭州市滨江区、深圳福田区等地均出台了支持创新创业公司债券发行的相关政策。三是创新机制灵活。非公开发行的创新创业公司债券，可以附可转换成股份的条款。发行可转债，既有助于广大中小科创企业灵活运用股权价值，实现“对赌协议”的标准化，又能有效降低融资成本，同时也为股权投资者退出提供了一个新渠道。例如，全国首单创新创业可转债——“17 伏泰转”发行得到了股权投资者的青睐，票面利率仅为 4%，算上政策补贴之后实际利率仅为 2%。

与中小企业私募债相比，创新创业公司债券的发行主体选择更具有针对性，且从新三板上市公司中挑选部分相对优秀的双创企业发行债券，可以在降低融资成本的基础上帮助优秀双创企业拓宽融资渠道，为科创企业提供较好资金支持。截至 2021 年末，创新创业公司债券共发行 107 只，发行规模达 414.20 亿元。其中民营企业发行金额占比达 15%；发行人行业分布中，技术硬件与设备、软件与服务、制药、生物科技与生命科学、医疗保健设备与服务等科创类行业占比仅为 7.13%。A 市企业共发行债券 12 只，金额为 70.1 亿元，占创新创业公司债券总发行金额的 16.92%。

（三）科技创新公司债券

2021 年 3 月，交易所市场在双创债券的框架下推出了科技创新公司债券，为成长型、初创型企业服务，引导市场募集资金投资重点产业基金，支持集成电路、人工智能、智能制造等国家核心前沿科创领域。科技创新公司债券是证监会、交易所对此前专门服务于中小创新创业的创新品种——创新创业公司债券外延和内涵的进一步扩充与深化。2022 年 5 月，沪深交易所发布科技创新公司债券业务指引，明确科技创新公司债券发行人包括科技创新、科创升级、科创投资和科创孵化四类企业。首批科创公司债券由国投集团、三峡集团、广州港股份等大型企业发行，多为科创升级类发行人，募集资金用于助推升级现有产业结构，与科创型企业直接发行存在一定差异。

整体而言，各类创新品种自 2015 年推出以来，融资量处于波动下降状态（见图 2－1）。近年来，虽然各主管部门均推出系列政策支持科创企业通过债券进行直接融资，但就实际发行情况而言，现有创新品种发行量较小，获批发行的企业数量较少，且并不完全集中于科创企业；此外，发行成本较高，未能在一定程度上有效缓解企业的融资压力。债券市场支持科创企业融资仍有较大提升空间。

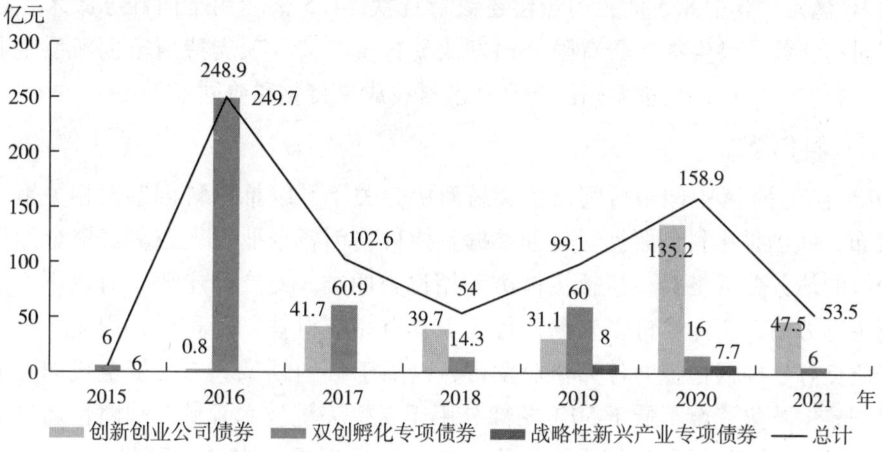

图 2－1　各品种发行量分年统计

（数据来源：Wind）

四、非金融企业债务融资工具支持科创企业融资实践

（一）高成长型企业债务融资工具

2021 年 3 月，中国银行间市场交易商协会推出了高成长型企业债务融资工具试点。高成长型企业债务融资工具的发行人主要为具备科技创新能力、拥有核心技术、市场竞争优势突出、具有良好发展前景的处于高成长期的创新型企业，包括国家企业技术中心、高新技术企业、技术创新示范企业、制造业单项冠军企业及专精特新“小巨人”企业等五类主体。债券发行成功后可贴标“高成长债”标识，有利于提升金融机构对科创等重点领域的投资力度。科伦药业、新希望集团、天士力控股集团、美的集团等 4 家企业陆续披露发行公告，在银行间市场发行高成长型企业债务融资工具 48. 5 亿元，助力企业科技创新升级。4 家企业均具有国家级科创类企业认定或称号，科伦药业被工信部认定为“十四五”规划重点培育的“制造业单项冠军”企业，新希望集团和天士

力控股集团被国家发展改革委、科技部、财政部、海关总署、税务总局等五部委认定为“国家企业技术中心”，美的集团则具有工信部、财政部认定的“技术创新示范企业”等两项科技创新类称号。

（二）双创债券融资工具

双创债券融资工具募集的资金主要用于孵化项目建设与针对创新型企业的股权投资，目前暂未出台专门的发行指引或监管意见。2017 年 5 月，成都高投和华诚医学发行银行间债券市场首批双创债务融资工具。成都高投是双创专项债务融资工具的首单发行人，注册金额 10 亿元，其中 3 亿元用于偿还银行贷款，6 亿元用于孵化项目建设，另外 1 亿元则分散用于 11 个创新型企业股权投资，包括生物医药、高端装备制造、互联网软件开发、节能环保等国家战略性新兴产业。华诚医学双创专项债务融资工具注册金额 10 亿元，其中 8.5 亿元用于偿还银行贷款，1.5 亿元用于向江苏康禾生物制药有限公司和江苏盈科生物制药有限公司发放委托贷款，专项支持两家创新型企业的新药临床、研发及生产，促进泰州医药高新区科技成果转化和协同发展。

（三）科创票据

2022 年 5 月，《中国银行间市场交易商协会关于升级推出科创票据相关事宜的通知》发布，我国推出科创票据。科创票据是指科技创新企业发行或募集资金用于科技创新领域的债务融资工具，包括主体类和用途类两类。此产品主要具有以下特点：一是发行主体方面，主体类科创票据发行人需具有相应科技创新称号，用途类科创票据可由资质良好、经营稳定的各类企业发行，以用于科创领域。二是资金投向方面，用途类科创票据募集资金不低于 50% 的部分用于支持关键技术领域及战略性新兴产业等科技创新方向。三是投向领域方面，用途类科创票据重点服务“硬科技”“卡脖子”技术领域，疏导产业链价值传递过程。首批科创票据发行人包括中交第二航务工程局、象屿集团等，企业资质优良。

为提升对科创票据的支持力度，交易商协会提出了三项配套措施。一是可新增科创票据或使用既有注册额度发行科创票据，并为科创票据注册评议开通绿色通道。二是科创票据不设单独文号，统一在发行阶段添加“（科创票据）”专项标识。三是企业发行资产支持票据、创投企业债务融资工具等产品支持科技创新发展，基础资产或募集资金满足科创票据要求的，可添加“（科创票据）”专项标识。

第二节　我国债券市场支持科创企业融资现状——以 A 市为例

以 A 市的国家高新技术企业为科创企业统计样本，可反映出债券融资对该市科创企业的支持较为有限。截至 2021 年末，注册在 A 市的国家高新技术企业共有 2.13 万家，其中 81 家企业曾通过债券渠道融资，本节分析均围绕该 81 家企业（以下简称 A

市科创企业）。

发债规模方面，2008 年 1 月末至 2021 年末，A 市科创企业累计发行债券 307 只，规模为 2002. 10 亿元，占同口径下全 A 市企业累计发行规模的 7. 82%；A 市科创企业的债券平均发行规模为 6. 52 亿元，同期同口径下 A 市企业的债券平均发行规模达 15. 36 亿元；A 市科创企业发行的债券中，短期融资券发行规模占 41. 67%，公司债占 22. 17%，可转债占 20. 60%，中期票据占 11. 03%，企业债等其余债券品种占比低于 5%。

主体规模方面，A 市科创企业 2020 年资产规模中位数为 65. 16 亿元，最小值为 2. 11 亿元；营业收入中位数为 33. 90 亿元，最小值为 1. 16 亿元。依据《中小企业划型标准规定》（工信部联企业〔2011〕300 号），已发行过债券的 A 市科创企业均为大型企业。

债券评级方面，从主体评级来看，债券发行时 A 市科创企业主体评级在 AA - 及以上的债券只数占比为 94. 46%，发行规模占比为 98. 92%。从中债隐含评级来看，有中债隐含评级的债券中，中债隐含评级 AA 及以上的债券只数占比为 53. 09%，发行规模占比为 57. 20%。总体而言，已发行过债券的 A 市科创企业信用资质水平整体较高。

融资成本方面，A 市科创企业发行信用债（剔除可转债、可交债等含权品种）的平均票面利率为 4. 84%，比同期全市企业信用债的平均票面利率（4. 36%）高出 48 个基点，反映出科创企业融资成本高于市场平均水平。

二级市场走势方面，为表征 A 市科创企业发行信用债券的二级市场走势，课题组试编制了中债—A 市高新企业信用债指数（见图 2 - 2），指数总市值、样本券数量总体较为稳定。截至 2021 年 7 月 31 日，中债—A 市高新企业信用债指数成分券数量为 50 只，总市值约 287 亿元，平均待偿期为 1. 68 年，平均到期收益率为 3. 91%（见图 2 - 3）。

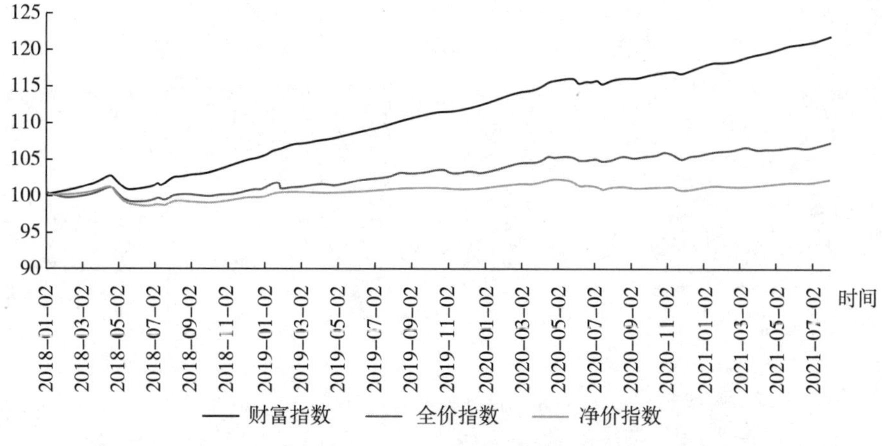

图 2 - 2　中债—A 市高新企业信用债指数

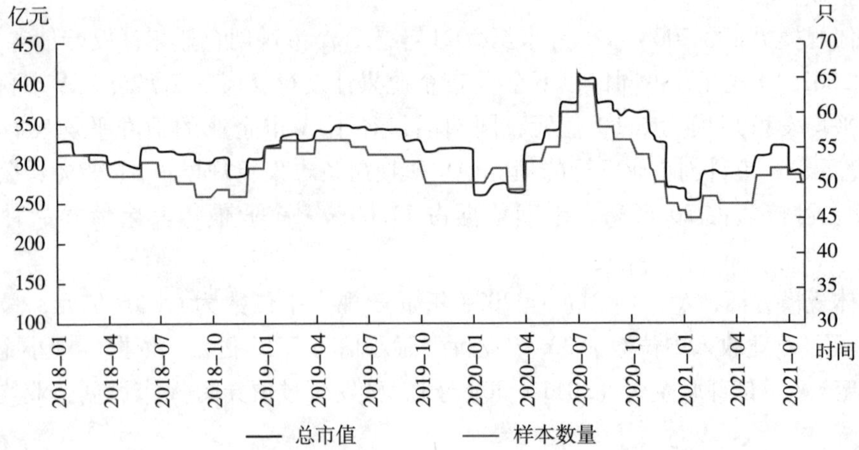

图 2-3 中债—A 市高新企业信用债总市值及样本数

总体而言，A 市已发债的科创企业均为大型企业，对中小型企业覆盖不足；同时，债券市场目前支持的科创企业信用等级整体偏高，有待进一步下沉。中小科创企业尤其是低信用评级主体仍存在融资难问题，难以通过现有债券品种得到解决。

第三章　我国债券市场支持科技创新企业融资面临的制约因素

第一节　关于准入标准

一、债券发行门槛偏高

一是资产规模要求高。2020 年实施的《证券法》发布前，各信用债品种均对发行条件作出明确要求，其中对企业的净资产要求较高。《证券法》修订后取消了“股份有限公司的净资产不低于人民币 3000 万元，有限责任公司的净资产不低于人民币 6000 万元”等要求，企业发债条件有所降低，但大部分科创企业通常是轻资产类型的企业，在现有条件下，仍较难通过发行债券的方式开展融资。《证券法》第十五条规定，公开发行公司债券，最近三年平均可分配利润需足以支付公司债券一年的利息。然而许多处于成长阶段的科创企业面临着技术迭代、市场开拓等客观需要，短期内可能处于亏损状态中，难以达到利润要求。较高的发行门槛直接降低了科创企业信用债券市场融资可行性。

二是科创企业较难达到债券发行评级的实际要求。目前，公开发行的债券大多达到了 AA 级；虽然公司债、非金融企业债务融资工具已取消强制信用评级要求，但外部评级仍然是投资者投资债券的重要参考。经营管理状况及财务状况是评级公司开展价值评估的重要依据，初创型科创企业往往财务表现较弱，难以取得较高评级。

三是在项目要求方面，科创企业与现有信用债的项目要求不能完全匹配。这一情况主要体现在企业债领域：现有企业债须与固定资产投资项目挂钩，如项目资金应用于综合管廊、养老产业、城市停车场等，目前市场上的科创企业较少涉及此类固定资产投资项目。

二、部分潜在投资者不在市场准入范围内

部分具备一定风险识别能力的小型机构投资者，如私募基金等，对科创债券更感兴趣，但受到资产规模等限制，可能较难进入银行间债券市场。譬如，中国证券投资

基金业协会（以下简称中基协）要求，私募基金管理人申请进入银行间债券市场需成为协会普通会员，对私募基金规模及注册时间都存在一定要求。① 截至 2022 年 8 月末，在中基协备案的私募基金管理人共计 24276 家，其中普通会员占比仅 1% 左右，故大多数私募基金管理人难以成为普通会员并进入银行间债券市场。外汇交易中心官网数据显示，同期银行间市场本币市场成员中仅有 429 家私募基金管理人。

第二节　关于信息披露工作

在信用债注册制改革背景下，信息披露工作的价值尤为凸显。完善的信息披露制度可为投资者价值判断和投资决策提供重要参考，在放宽市场准入门槛的同时有效防控违约风险。2019 年《证券法》设专章规定信息披露制度，进一步扩大信息披露的义务主体，完善信息披露的原则和要求，明确信息披露追责原则并提高违法成本。为统一规范信用债信息披露要求，人民银行、国家发展改革委、证监会于 2020 年 12 月联合发布《公司信用类债券信息披露管理办法》，围绕发行人偿债能力统一各券种募集说明书等文件编制要求。

《公司信用类债券信息披露管理办法》统一适用于企业债券、公司债券和非金融企业债务融资工具等公司信用类债券，发行人应当于发行前披露企业最近三年经审计的财务报告及最近一期会计报表、募集说明书、信用评级报告（如有）等。《公司信用类债券信息披露管理办法》以附件形式明确了募集说明书的编制要求，具体规范风险提示及说明、发行条款、募集资金运用、企业基本情况、企业主要财务情况、企业信用情况、投资者保护机制等模块的披露内容。然而，在具体信息披露内容、标准化、交叉核验等方面，由于各种因素，实践中仍存在差异，制约了科创企业的价值分析。

一、现有债券信息披露实践难以反映科创企业价值

一方面，信用债信息披露细则仍存在差异。《公司信用类债券信息披露管理办法》仅从原则上统一了公司信用类债券公开发行的信息披露要求，至于公司信用类债券公开发行信息披露的实施细则及非公开（含定向）发行的信息披露规则交由市场自律组织制定。目前，交易所、交易商协会、发展改革委已相继制定发布公司债券、非金融企业债务融资工具、企业债券信息披露细则，所要求的信息披露内容存在差异。

另一方面，以财务指标为核心的信息披露体系不符合科创企业的发展特点。现阶段，债券业务涉及的信息披露文件已基本实现规范化、模板化，总体上以披露综合财务指标为核心特征。调研显示，多数科创企业主要持有知识产权等无形资产，财务指

① 根据《中国证券投资基金业协会会员管理办法》，私募基金管理人入会应先申请成为观察会员，申请成为普通会员需要至少满足两个硬性条件：一是成为观察会员之日起满一年；二是最近一年在协会备案的基金规模在 20 亿元以上，或者备案的创业投资基金规模在 3 亿元以上。

标表现相对较弱，现有的信息披露内容难以准确、充分地体现其投资价值。以专利为例，专利的数量和引用次数等是体现科创企业发展潜力和投资价值的重要判断标准，但目前债券市场对该类非财务指标的信息披露要求和引导仍较不充分。

二、信息披露标准化程度不高，披露平台分散建设

当前，公司信用类债券注册申请文件使用 PDF 等传统格式。虽然公司信用类债券信息披露内容已原则上实现统一，但是 PDF 格式文件中的数据难以通过计算机进行读取分析，数据价值未得到充分挖掘。同时，因信息披露格式未实现标准化，数据难以跨市场、跨券种共享，通过多券种融资的发行人和主承销商需要在多个平台提交内容相同的信息，简单重复性工作较多，信息披露负担较重。

公司债和非金融企业债务融资工具已实现审核阶段文件公开，但披露平台分散建设，审核机构在各自网站披露注册阶段相关文件。公司债券方面，交易所通过债券项目信息平台①发布公募和私募公司债券的审核状态（已受理、已反馈、通过、未通过、提交注册、注册生效、终止等）。对于公募发行公司债券，信息平台还公布申报文件的历次版本（申报稿、反馈回复稿、注册稿）、交易所审核反馈意见及对反馈意见的回复等。非金融企业债务融资工具方面，交易商协会通过“非金融企业债务融资工具注册信息系统”（孔雀开屏系统）公示公开发行债务融资工具的注册审核状态（已受理、预评中、反馈中、待上会、完成注册等）、申报文件的历次版本（初稿、上会稿、终稿）、关于补充信息的函以及发行人回函等。在企业债券方面，中央结算公司通过中国债券信息网信息披露板块公示企业债券受理审核状态（已申报、已受理、受理反馈待答复、已注册、已撤销申请等）。

三、风险揭示形式单一，缺乏交叉核验

目前，信用债注册制审核主要通过审核机构问询的形式动态揭示风险。虽然注册阶段申报文件、历次修改版本、问询答复等已对外公示，但是尚未设置投资者问询通道。信用债潜在投资者多为机构投资者，对发行人相关信息的获取及专业分析能力较强，可为揭示发行人信用风险提供重要线索。然而，在当前业务实践中，投资者尚难以较为便利地就发行人所披露信息的真实性、准确性和完整性向发行人直接和及时询问。

近年来，征信机构、数据公司等市场化机构已可提供企业信用评价、企业技术水平评估、债券违约风险预警等服务，在目前信用债逐步取消或弱化强制评级的改革趋势下，此类市场化信用服务可为投资者自主价值判断提供多维视角，并与发行人提交注册审核的信息形成交叉核验，以便投资者更好地进行投资决策。但是基于以往投资者对于强制性信用评级的依赖，此类市场化风险揭示机制的适用并不充分，新型风险揭示机制的适用性尚待进一步探索。

---

① 上交所在“公司债券项目信息平台”公示，深交所在“固定收益信息平台”公示。

四、注册制的市场化导向仍有待加强

目前注册制改革已有良好开端，但制度安排尚未经历完整市场周期和监管闭环的检验，还需不断磨合和优化：形成有效的市场约束需要一个渐进的过程；中介机构的定价和风控能力还比较薄弱；一系列更加市场化的制度安排需要各市场参与者逐步调适，短期内市场主体之间的充分博弈和相互制衡很难到位；由于近年来债券违约事件频发，监管部门对可能存在市场风险的债券不予注册。未来应逐步让“谁审批，谁兜底”的思维淡出投资者认知，回归“谁投资，谁担责”的理性投资方式，真正地让信用债和发行人本身的资质决定债券在市场中的价格。

五、信息披露责任的实践认定

信息披露责任采用过错推定原则，但是具体赔偿责任需司法机关专业认定。根据《证券法》第八十五条、第一百六十三条的规定，对于债券虚假陈述，除了作为信息披露第一责任人的发行人以外，控股股东、实际控制人、董事、监事、高级管理人员、承销机构以及证券服务机构的归责采用过错推定，原则上应当与发行人承担连带赔偿责任，除非能证明自身没有过错。《全国法院审理债券纠纷案件座谈会纪要》具体规定了认定董监高、承销机构、债券服务机构过错应当考虑的因素。对于董监高等人员，应结合其在公司中所处的实际地位、在信息披露文件的制作中所起的作用、取得和了解相关信息的渠道及其为核验相关信息所做的努力等实际情况加以认定。对于债券承销机构，《全国法院审理债券纠纷案件座谈会纪要》以正面清单和负面清单同时列举了债券承销机构过错认定及免责的具体情形，包括是否有协助虚假陈述的故意，是否按照程序开展尽职调查，是否对债券服务机构专业意见进行必要核查等。至于债券服务机构，其责任范围限于各自的工作范围和专业领域，司法机关需考量其是否尽到勤勉尽责义务，区分故意、过失等不同情况，分别确定其应当承担的法律责任。

第三节　关于中介机构选择与投资者保护

一、中介机构客观中立性有待提高

目前，我国债券市场存在发行人付费与投资者付费两种模式。发行人付费是我国信用评级行业的主流模式，行业排名前五的评级机构均采用发行人付费模式。2010 年，中债资信成立并采用投资者付费评级服务模式，以切断评级机构与发行人之间的利益往来，增强评级机构独立性，同时通过不同付费模式下评级的相互校验，提升债券市场评级质量和公信力。为降低外部评级依赖，公司债、非金融企业债务融资工具已取消和弱化强制信用评级要求。为减少监管层面的外部信用评级依赖，《公司债券发行与

交易管理办法》取消了公开发行公司债券评级的强制性规定，是否评级由发行人自主决定。同时，调整了普通投资者可参与认购交易的公募债券相关要求，删除了债项评级必须为AAA级的规定。《中国银行间市场交易商协会关于实施债务融资工具取消强制评级有关安排的通知》（2021年3月）指出，在申报环节，不强制要求企业提供债务融资工具信用评级报告及跟踪评级安排。发行环节，取消债项评级报告强制披露要求。2021年8月11日和13日，人民银行和交易商协会分别发布第11号公告和《关于取消非金融企业债务融资工具信用评级要求有关事项的通知》，试点取消非金融企业债务融资工具发行环节信用评级的要求。2021年8月18日，人民银行等六部委联合发布《关于推动公司信用类债券市场改革开放高质量发展的指导意见》，再次重申降低外部评级依赖，在提升投资机构内部评级能力的基础上，逐步弱化和取消行政强制评级要求。目前，我国债券市场评级模式存在如下主要问题。

一是发行人付费模式存在道德风险。发行人付费模式下，由发行人委托评级机构进行评级并支付费用。中介机构本应以自身专业性发挥市场“看门人”作用，提升市场透明度并强化投资者利益保护。事实上，可能存在的道德风险是，在盈利目标的驱使下，中介机构偏离其客观中立定位，以协助发行人满足债券发行监管要求为导向提供服务。问题的根源在于评级机构与发行人间因选聘和付费而产生的密切利益关联。

二是投资者付费模式可能拉高融资成本。投资者付费模式虽可破除发行人与评级机构间的利益关联，但是仍存在提高融资成本等诸多问题。其一，投资者付费模式可能引发新的利益冲突问题，即投资者和评级机构之间的利益关联，同时付费的投资者并不一定是最终的投资者，可能存在“搭便车”现象。其二，广泛采用投资者付费模式可能导致债券发行成本提高，最终由发行人承担附加成本。其三，如购买评级的投资者较少，仅依靠投资者付费的评级模式可能影响信用债市场流动性。其四，投资者购买不同评级机构的产品可能导致交易中沟通成本增加。其五，在投资者付费模式下，发行人配合度较低，评级机构更多依赖公开渠道资料，难以进入公司内部获取更详细信息，从而影响评级结果的有效性、及时性和全面性。

三是取消强制评级难以解决评级中立性不足问题。取消强制评级可在一定程度上缓解评级虚高问题，引导投资者理性看待评级结果，更多依赖其自身独立投资判断。然而，取消强制评级要求不必然切断评级结果与获取业务之间的联系，反而削减了评级机构的业务量，加大了评级机构获取业务的难度。对于自愿付费选择评级的发行人抑或是投资者，评级机构为维护持续的业务来源和收入，可能仍难以确保客观中立性。同时，取消强制评级并未给发行人带来发行成本的降低。国内评级机构收费标准已相应上调，以适应债券市场非强制评级的改革措施。修改后收费标准如下：企业主体信用评级收费不应低于25万元，债项信用评级收费不应低于20万元，单笔债券评级收费不应低于45万元；跟踪评级收费不应低于10万元，数据更新收费不应低于10万元。

四是现有评级模型不适应科创企业实际情况，评级技术也不够成熟。债券市场现有评级付费模式以发行人付费为主，该模式导致评级机构的客观性有所下降，债券市场评级普遍虚高。同时，现有评级模型主要以财务数据为核心要素，资产规模大、净利润相对稳定的企业能获得较高的评级。相对来说，多数科创企业资产较轻，在现有评级模型下，往往难以获得较高的评级，进而难以达到债券注册申报门槛和受到投资者认可。同时，现有评级技术也不够成熟。评级依赖于充足获取信息的前提下由经验丰富的分析人员提供综合意见，然而，我国债券市场信用评级行业发展时间较短，有丰富经验的专业人才数量不足，在一定程度上影响评级的准确性。此外，我国缺乏专门针对科技型中小企业的债券信用评价体系。现有的企业信用评价体系主要以企业的历史财务指标和资产状况作为考察对象，是对企业过往经营效果的考量，而科技型企业的核心竞争优势在于其未来产品研发的创造力和市场需求潜力，需要通过预估才能进行评判，因此通过传统的企业信用评价体系难以准确评价一家科技型企业进行债券融资所具备的资金偿付能力。

五是评级监管政策框架有待完善。一方面，当前对评级机构的监管相对分散，评级机构的认定、评价、管理等政策出自多个监管机构，评级政策的统一性与协调性难以保证。另一方面，评级外部评价不足。债券市场发生首次违约的时间出现较晚，距今时间跨度较短，难以通过丰富的数据集从评级结果角度进行检验，而短期的检验可能受外部因素影响从而难以保证对评级的评价公正客观。此外，关于评级结果公允性的激励机制设计仍有待进一步探索。

二、违约处置机制仍有待完善

近年来，信用类债券市场的违约案例日益增多，但相应的债券违约处置机制及存续期内投资者保护体系仍有待完善。2020 年 6 月发布的《中国人民银行、发展改革委、证监会关于公司信用类债券违约处置有关事宜的通知》（银发〔2020〕144 号）提出，要建立健全受托管理人制度、完善债券持有人会议制度，充分发挥两大制度在债券违约处置中的核心作用；同时，要建立健全多元化的债券违约处置机制，提高处置效率。我国债券市场违约处置机制方面仍存在以下问题。

一是处置程序冗繁、求偿过程艰难。首先，违约后投资人会议召开难，投资人所持债务需达到一定比例、经过复杂程序才能召开；其次，发行人或主承销商制造障碍阻止会议召开、影响会议正常进行或促成会议无效，例如会议中无专业律师到场、不经债权人同意更改法人代表、故意遗漏会议重要细节等；最后，会上所达成决议在执行中阻碍重重，决议对发行人和主承销商约束力低，主承销商不披露会后投票及公告内容、发行人以管辖权等原因拒不执行。以上因素提高了持有人的追偿成本，导致违约债券处置周期长、效率不高，会催生投资者的恐慌情绪。

二是债券违约交易制度通用准则未建立。违约处置基于个案展开，处置程序标准化程度不足，一事一议，参与转让的违约债券较少，通用的违约处置规则尚在探讨中，违约处置技术、业务准则尚未落地。后续有待主管部门建立并逐步完善违约债券处置的通用规则，鼓励并引导市场机构积极开发债券违约处置技术和业务准则。

三是违约后的制度安排不完善。其一，持有人会议触发条件高，受托管理人制度存在利益冲突。一方面，持有人会议召开难。例如，非金融企业债务融资工具持有人需单独或合计持有 30% 以上债务才能提议召开持有人会议。另一方面，也存在会上议案通过难的问题。其二，受托管理人制度存在利益冲突问题。我国债券市场受托管理人主要由主承销商担任，主承销商承担着双重责任与义务，既对发行人承接发行承销任务，又承担着代表投资人监督发行人的责任，其职能定位模糊，容易引发利益冲突。

三、投资者保护机制尚不健全

一是投资者提起虚假陈述等证券民事赔偿诉讼仍然存在实体举证困难。2020 年 7 月发布的《全国法院审理债券纠纷案件座谈会纪要》是我国第一部审理债券纠纷案件的系统性司法文件。但仅是会议纪要的形式，没有相应的立法基础，对不接受债券持有人会议的其他债券持有人产生的约束力存在欠缺。2020 年 7 月 31 日实施的《最高人民法院关于证券纠纷代表人诉讼若干问题的规定》仍要求原告提交有关行政处罚决定、刑事裁判文书、被告自认材料、证券交易所和国务院批准的其他全国性证券交易场所等给予的纪律处分或者采取的自律管理措施等证明证券侵权事实的初步证据，虽然较原有条件有所增加，但债券市场的证据类型未被纳入其中，也缺乏具体的实施机构和条件。2022 年 1 月，最高人民法院发布《关于审理证券市场虚假陈述侵权民事赔偿案件的若干规定》，重塑了虚假陈述侵权案件审理规则体系。但对于该规定如何在债券市场中精准适用，尚存模糊地带与留白空间，有待司法实践补充。

二是债券市场代表人诉讼等民事诉讼程序制度不完善。《最高人民法院关于证券纠纷代表人诉讼若干问题的规定》细化和完善了代表人诉讼的具体制度安排，是我国首个关于证券群体性纠纷代表人诉讼制度司法解释。证监会配套制定了《中国证监会关于做好投资者保护机构参加证券纠纷特别代表人诉讼相关工作的通知》（2020 年 7 月）。在债券市场虚假陈述案件的受理与审理中代表人诉讼制度还未真正落实，该项规则未被明确可适用于债券市场，也未明确具体机构作为投资者保护机构、诉讼代表人。这些因素增加了投资人尤其是极个别小型投资人的维权难度，甚至可能产生新的纠纷。代表人制度在债券市场民事赔偿案件中的作用有待进一步考察。

三是证券违法举报奖励较低。2020 年 1 月，证监会修订《证券期货违法违规行为举报工作暂行规定》，详细规定了举报的受理、举报信息的保密与管理、举报奖励等事宜。其中第十二条明确了可给予奖励的范围，即实名举报内幕交易或利用未公开信息交易，操纵证券、期货市场，信息披露违法违规以及欺诈发行证券。第十三条细化了奖励金额，罚没金额超过 10 万元以上可以按照 1% 给予奖励，最高不超过 10 万元；重大案件最多奖励 30 万元，内部知情人员提供重大违法案件线索的最高奖励 60 万元。与美国给予举报人奖励罚金 10% ~30% 相比，我国对证券市场举报人激励不足，举报人从举报中获得的收益较少，而付出的成本可能较高，这包括搜集信息的时间、金钱成本，以及实名举报可能导致的风险。

第四章 科技创新企业信用债券发展的国际实践与启示

各国政府普遍高度重视和支持科创企业发展[①]，国际上已形成了较为成熟的科创企业信用债券市场，特斯拉（Tesla）、奈飞（Netflix）等高科技企业均通过债券市场发行过较高收益率的债券以筹集资金支持业务发展。本部分将研究国外科创企业信用债券市场和国内外支持科创企业融资的相关实践和制度安排，为我国支持科创企业融资实践提供借鉴。

第一节 科创企业信用债券市场发展的国际实践与启示

科创企业发展早期普遍存在生产经营不确定性大、缺乏有效抵押资产的问题，相较于普通企业或发展成熟的科创企业而言，债券融资成本相对较高。国际上，一般将这一类发行人称作“明日之星”，其发行的债券被归类为债券市场的“明日之星”高收益债券，当前这一市场的发展已较为成熟。

高收益债券在国际市场上是指信用评级低于投资级（标普、惠誉评级 BBB 以下或穆迪评级 Baa 以下）以及未获得评级的债券。从发行人角度看，高收益债券大致可以分为“明日之星”“堕落天使”“杠杆收购”等三类。科创企业发展早期具有高成长、高风险、低评级或无评级的特征，其发行的债券属于高收益债券中“明日之星”范畴。随着科创企业进入成熟发展阶段，业务模式和财务状况趋于完善和稳定，即可进入普通债券市场展开融资。

一、科创企业信用债券融资市场的国际实践

美国科创企业信用债券市场发展经历了兴起、调整、成熟三个阶段，受宏观经济和监管政策影响较大。20 世纪 60 年代中期到 80 年代早期，美国新兴产业的大量中小企业迫切需要外部融资，但银行等传统融资渠道难以满足企业需要。在此情况下，金

① 例如，设立功能健全的科创类中小企业管理机构和政策性金融机构，构建多层次完善的科创类中小企业信用担保体系，建立多渠道系统化的科创类中小企业融资模式，探索投贷联动的新模式支持科创类中小企业拓展融资渠道，建立完善的法律体系和实施优惠的税收政策等。

融创新和金融监管放松推动了高收益债券市场的兴起，大量新兴高科技企业通过发行高收益债券获得了资金支持。80 年代杠杆收购浪潮的兴起也推动了美国科创企业信用债券融资的进一步发展。在较为宽松的监管环境下，债券融资在杠杆收购中的应用促进了美国产业结构的调整，但也出现高度投机的特性。90 年代初期，美国经济衰退、监管加强、做市商破产等因素导致相关债券发行量急剧萎缩，违约率大幅上升，市场出现严重衰退。美国政府于 90 年代采取了一系列措施，包括加强市场监管、完善制度建设、推动相关金融创新等，使得债券发行人质量整体改善，市场风险控制和流动性显著改善。科创企业信用债券市场的发展为美国在 90 年代进入信息时代提供了重要的支撑。

欧洲科创企业信用债券市场从 20 世纪 90 年代中期开始逐渐有了起色，并经历了两个重要的快速增长阶段。第一阶段是爆发性增长期（1999—2000 年）。在这两年间，欧洲市场的规模及流动性有了显著改变，欧元的诞生促进了统一市场的形成，科创企业信用债券发行量大幅扩张，违约率处于低位。但当互联网泡沫破裂时，以 TMT（Technology，Media，Telecom，科技、媒体和通信）行业为代表的科创企业信用债券违约率攀升至 83.1%，发行量骤降，持有这些债券的投资者平均只能获得 12% 的偿付率，远低于一般水平。第二阶段是加速发展期（2005—2007 年）。此时期内，欧洲各国纷纷加强债券发行的监管力度，公司发债丑闻和违约事件逐渐减少，叠加大量欧洲公司的账目资产重组与杠杆收购热潮出现，再一次推动了科创企业信用债券市场的发展。国际经验表明，科创企业信用债券融资市场的发展可能有待在曲折中前行、于坎坷里成长。但试点作为创新探索的第一步，具有重要意义。

【专栏 4－1】美国高收益债券市场发展镜鉴

美国是高收益债券的发源地，也是全球规模最大、发展最为成熟的高收益债券市场。近年来，美国信用债市场中高收益债券占比稳定在 20% 左右，高收益债券市场总体呈现评级低、收益高、只数多、规模小、期限长等特点。

从评级分布看，低评级是高收益债券的核心特征。据不完全统计，依据标普标准，高收益债券发行主体评级主要集中在 B 级和 BB 级。其中，B（包括 B＋和 B－）级占比为 40%～60%；BB（包括 BB＋和 BB－）级占比为 30%～40%；CCC 级占比约为 10%～20%，CC 级以下整体占比较低。从收益率分布看，基本符合低评级、高收益的规律。据不完全统计，1991 年至 2014 年，BB 级债券平均收益率约为 6.23%，B 级债券平均收益率约为 6.81%，CCC 级及以下债券收益率则显著高于其他评级债券，平均收益率约为 23.02%。2015 年以来，各评级债券的收益率均有所下降，BB 级债券平均收益率为 5.04%，B 级债券平均收益率为 6.60%，CCC 级及以下债券平均收益率降幅较大，约为 11.11%。从发行规模看，高收益债券市场总体呈现发行只数多、单只规模小的特点。据不完全统计，2008 年国际金融危机后，美国高收益债券的单只平均规模约为4亿美元，显著低于投资级债券的7亿美元，高收益债券发行只数则逐渐多于投资级债券。从期限分布看，高收益债券期限分布集中在中长期。据不完全统计，2003年至2016年，3年期以下债券占比为0.52%，3年至5年期债券占比为9.86%，5年至10年期债券占比达77.43%，10年期以上债券占比为12.19%。

从行业分布看，美国大部分主要行业企业都发行过高收益债券，行业分布较为稳定，高收益债券已发展成较为成熟的投融资产品。据不完全统计，1990年至2011年，能源、金融、文娱、通信、原材料等行业发行规模位居前五，合计占比约65%。2010年至2016年，通信、非必需消费品、能源、医疗健康、金融、原材料等行业发行规模位居前列。从投资者结构看，保险机构、养老基金、共同基金是主要投资者。1990年以前，美国高收益债券市场的投资者包括储贷机构、个人投资者、实体企业、保险机构、共同基金、退休基金、对冲基金等。大规模违约风波发生后，储贷机构、个人和实体企业逐渐退出高收益债券市场，大量高收益债券基于144A规则面向合格机构投资者发行和转售。1990年后，保险机构、养老基金、共同基金合计持有量占比逐步上升并长期占主导地位。从信用利差看，高收益债券与高等级信用债券的信用利差集中分布在200个基点至1000个基点之间，在危机时期，信用利差呈现扩大趋势。据不完全统计，在2000年互联网泡沫破灭和2008年国际金融危机期间，受避险情绪推动，美国高收益债券到期收益率飙升。以2008年为例，高收益债券平均到期收益率较2007年上升近1000个基点，高达19.43%；同期AA级信用债券到期收益率仅上升100个基点，而10年期国债到期收益率则下行200个基点至1.62%。

美国高收益债券市场需求旺盛，相关机制安排较为完备，已发展为成熟的投融资产品，在美国产业调整和升级中起到了重要作用。

在微观层面，高收益债券产品对于发行人和投资人均有较大的吸引力，市场有广泛需求。从发行人的角度看，高收益债券作为融资工具，可以用于并购融资、项目融资、债务再融资等场景，是优化企业资本结构的重要工具。目前，能源、医疗、科技、金融等主要行业的企业都发行过高收益债券，其中不乏业绩良好的企业。从投资人的角度看，高收益债券作为投资标的，一方面有助于投资组合多元化，另一方面也因其与其他固定收益产品回报率相关性较低，有助于提升整体资产组合经风险调整后的收益率。

在机制层面，私募发行、投资者准入与保护和交易规则设计是关键制度安排。144A私募发行是高收益债券市场的主要发行方式。美国高收益债券发行方式分为公开发行、一般私募发行和144A私募发行。其中，144A私募发行一方面无须经美国证券交易委员会（SEC）注册，豁免了企业公开信息披露义务，另一方面解决了非公开发行证券定向信息披露和转售的相关问题，极大地促进了美国高收益债券市场的发展。建立合格投资者准入标准有助于高收益债券市场稳健发展。稳健高效的非公开债券发行市场需要严格的投资者准入管理。美国先后禁止了储贷机构、货币基金和普通个人参与相关市场投资，并限定了其他共同基金的投资比重。完善投资者保护制度可以增强高收益债券的吸引力，包括重视定向信息披露，通过技术手段跟踪监测交易行为，设立偿债基金、回售赎回、控制权约束、合并限制等限制条款、破产清算制度等。合理的交易规则设计有助于提升高收益债券市场流动性。非公开发行的私募债券可于发行半年或一年后在发行人的非关联机构间转让，并通过场外交易平台进行买卖，或在离岸市场交易。美国还建立了多层次的做市商联络网，大部分债券在场外市场可通过做市商交易。做市商的经纪公司可以为做市商提供信息服务，支持做市商之间缓冲头寸，提高做市效率。

在宏观层面，高收益债券市场在产业调整和升级中可以起到重要作用，但需要关注经济下行周期，高收益债券发行难度加大、发行比重收缩的情况。系统梳理美国高收益债券市场的发展历程，可以发现，其与美国产业结构调整和升级相伴相生。20世纪70年代至80年代美国产业结构出现重大调整，大规模产业更新及其带来的并购重组融资需求直接导致了高收益债券市场的兴起和蓬勃发展。进入21世纪，科技和医疗健康行业高收益债券发行占比进一步增长，对美国产业结构调整和优化起到了重要的支持作用。经济下行周期，高收益债券发行难度加大，发行比重收缩。以2000年互联网泡沫破灭时期和2008年国际金融危机时期为例，当年高收益债券发行规模占信用债券发行规模的比例均为历史低点，分别为5.8%和6.1%。2008年仅发行433亿美元，较前一年下降68%。

二、科创企业信用债券发行案例分析

本节选择特斯拉、奈飞、奇耐联合等三家科创企业展开案例研究。整体来看，债券市场可以在科创企业融资端发挥重要的支持作用，特斯拉60%的计息负债来自债券市场，奈飞的计息负债则100%来自债券融资。需要指出的是，由于信息披露要求的差别，未上市公司非公开发行债券的信息披露有限。

（一）案例1：特斯拉

1. 基本情况：成立近20年，市值破万亿美元

特斯拉公司于2003年7月在特拉华州成立，2010年6月在美国纳斯达克证券交易所上市，市值约为1.01万亿美元。公司主要从事设计、开发、生产、销售高性能的电动汽车和先进的电动汽车电力系统部件，也向第三方提供电动汽车动力系统的研究开发和代工生产服务，同时还生产和销售家庭、工业以及公用事业使用的能源储备产品。

2. 业务情况：六位一体，打造软硬件协同运营业务模式

该公司致力于打造软硬件一体业务模式，并在产业链上下游持续拓展业务场景。一是硬件业务，主要是整车生产和销售。二是软件业务。包括FSD（Full - Self - Driving，完全自动驾驶）付费业务、软件应用商城及订阅服务等。三是共享出行业务（Autonomous Riding Service），与优步（Uber）、来福车（Lyft）类似。四是充电业务，充电桩是特斯拉拓宽电动车使用场景的重要一环。五是能源业务，主要包括太阳能业务（民用、商用屋顶太阳能板）和能源储存业务。六是保险业务，特斯拉相比传统保

险公司的保费具有个性化、低价格、实时跟进、直面终端客户的优势。

截至2021年第三季度，特斯拉在全球共计交付62.5万辆新能源汽车，其中第三季度交付23.8万辆，同比增长64%。能源、出行、充电等其他业务全面发展，第三季度太阳能业务装机量83兆瓦，同比增长46%；储能装机量1295兆瓦时，同比增长71%；服务中心630个，同比增长35%；超级充电站3254座，同比增长49%；超级充电桩29281个，同比增长51%（见表4-1）。

表4-1　截至2021年第三季度特斯拉主要业务数据

项目	2021年第一季度	2021年第二季度	2021年第三季度
Model S/X 产量	0	2340	8941
Model 3/Y 产量	180338	204081	228882
总产量	180338	206421	237823
Model S/X 交付量	2030	1895	9289
Model 3/Y 交付量	182847	199409	232102
总交付量	184877	201304	241391
其中以经营租赁核算为准	13602	14492	16658
季度末经营租赁车辆总数	83032	95491	108757
全球车辆存货（供货日）	8	9	6
太阳能业务装机量（MW）	92	85	83
储能装机量（MWh）	445	1274	1295
门店和服务中心	561	598	630
移动服务车队	1013	1091	1190
超级充电站	2699	2966	3254
超级充电桩	24515	26900	29281

数据来源：SEC，特斯拉公司官网。

3. 主要营收数据：扭亏为盈，业绩持续向好

2019年第三季度以来，特斯拉扭亏为盈，净利润持续增长。截至2021年第三季度，累计营业收入为361.04亿美元，同比增长73.6%，净利润31.98亿元，同比增长609.1%。其中，汽车业务营收连续两个季度突破百亿美元，前三季度累计达312.65亿美元，营收占比为86.6%（见表4-2）。

表 4-2　截至 2021 年第三季度特斯拉主要营收数据

项目	2021 年第一季度	2021 年第二季度	2021 年第三季度
汽车相关营业收入	9002	10206	12057
其中碳排放信用额度	518	354	279
汽车相关总利润	2385	2899	3673
汽车相关毛利率	26.5%	28.4%	30.5%
总营业收入	10389	11958	13757
总毛利润	2215	2884	3660
总 GAAP（公认会计准则）毛利率	21.3%	24.1%	26.6%
营业费用	1621	1572	1656
经营收入	594	1312	2004
营业利润率	5.7%	11.0%	14.6%
调整后息税前利润	1841	2487	3203
调整后息税前利润率	17.7%	20.8%	23.3%
归属于普通股股东的净利润（GAAP）	438	1142	1618
归属于普通股股东的净利润（non-GAAP）	1052	1616	2093
摊薄后应归属于普通股股东的每股收益（GAAP）	0.39	1.02	1.44
摊薄后应归属于普通股股东的每股收益（non-GAAP）	0.93	1.45	1.86
经营活动提供的现金净额	1641	2124	3147
资本支出	-1348	-1505	-1819
自由现金流	293	619	1328
现金及现金等价物	17141	16229	16065

数据来源：SEC，特斯拉公司官网。

4. 计息债务及评级情况：债券融资占比近六成，评级持续改善

截至 2021 年第二季度，特斯拉负债规模合计为 288.96 亿美元，资产负债率为 52.4%。主要计息债务（包括融资租赁）规模合计 94.01 亿美元，占总负债的比重为 32.5%；其中，短期计息债务规模为 15.3 亿美元，长期计息债务规模为 78.7 亿美元，计息负债成本区间在 2%~7.9%（见表 4-3）。

表 4-3 截至 2021 年第二季度，特斯拉主要计息负债情况

指标	净账面价值/百万美元		未偿本金余额	未使用余额	合同利率/%	合同
	即期	长期				
追索权债务						
2022 票据	130	—	131	—	2.375	2022-03-01
2024 票据	7	166	174	—	2	2024-05-01
2025 票据	—	1787	1800	—	5.3	2025-08-01
追索权债务总额	139	3838	3992	280		
无追索权债务						
汽车资产支持票据	869	1455	2333	—	0.2~7.9	2021-08—2025-03
太阳能资产支持票据	41	1054	1122	—	2.9~7.7	2024-09—2048-02
现金权益债务	20	402	434	—	5.3~5.8	2033-07—2035-01
太阳能贷款支持票据	13	115	134	—	4.8~7.5	2048-09—2049-09
仓库协议	—	—	—	1100	不适用	2022-09-01
汽车租赁支持信贷安排	—	—	—	173	不适用	2022-09-01
其他贷款	—	14	14	23	5.1	2033-02-01
无追索权债务总额	943	3040	4037	1296		
总债务	1082	6878	8029	1576		
金融租赁	448	993				
总债务和金融租赁	1530	7871				

数据来源：SEC，特斯拉公司官网。

从计息债务结构看，债券市场在特斯拉的融资端发挥了重要的支持作用。该公司发行了票据、资产支持票据、贷款支持票据等多种债券市场融资工具，合计融资规模达 56.37 亿美元，占比约为 60%（见表 4-4）。

表 4-4 截至 2021 年第二季度，特斯拉计息债务结构

计息债务	金额/百万美元	比重/%
票据	2090	22.2
汽车资产支持票据	2324	24.7
太阳能资产支持票据	1095	11.6
太阳能贷款支持票据	128	1.4
其他	3764	40.0
总计	9401	100.0

数据来源：SEC，特斯拉公司官网。

根据标普全球评级数据，2019 年 5 月，特斯拉的主体和债项评级均为 B-级，此后，由于特斯拉经营活动和财务数据持续改善，截至 2020 年 11 月，特斯拉的主体和债项信用评级已提升至 BB 级，其信用评级距离投资级仅有两步之遥。

（二）案例2：奈飞

1. 基本情况：美国视频流媒体巨头

奈飞公司成立于1997年，总部位于美国加利福尼亚州，2002年5月在纳斯达克上市。公司主要在美国、加拿大提供互联网随选流媒体播放，致力于通过互联网传输节目和直接在电视、电视机顶盒、数字视频播放器、计算机和移动设备上播放电影。奈飞是全球最大的订阅型视频点播（SVOD）服务商，拥有约1.67亿全球付费用户（约1.53亿平均付费用户）。

2. 业务情况：会员费收入构成主要收入来源

公司的主要收入来源是每月的会员费，会员在其月度会员资格开始前提前付费，并且在每个月度会员期按比例确认收入。收入来源主要分为流媒体收入、付费会员净增加和付费会员（见表4－5）。

表4－5　截至2021年第二季度，奈飞公司主要业务数据　单位：万美元

指标	第一季度末		第二季度末	
	2021－06－30	2020－06－30	2021－06－30	2020－06－30
收入	323464.3	283967.0	640561.5	554244.6
付费会员净增加（减少）	（43.3）	293.5	1.5	524.2
期末付费会员数	7395.1	7290.4	7395.1	7290.4

数据来源：SEC，奈飞公司官网。

截至2021年6月30日，公司总收入（包括上表中未报告的DVD收入）为60亿美元，同比增长15.4%。截至2021年6月30日，DVD收入为9600万美元，同比下降23.8%。

3. 主要财务数据：收入利润呈增长态势

截至2021年第二季度，奈飞公司累计营业收入为145.051亿美元，同比增长21.7%，净利润30.6亿元，同比增长114.1%。

4. 主要计息债务及评级情况：主要计息负债均来自债券市场融资，评级呈现逐步改善态势

截至2021年第二季度，奈飞公司负债规模合计为271.07亿美元，资产负债率为66.2%。其中，主要计息债务规模合计156.26亿美元，占总负债的比重为57.6%，短期计息债务规模为6.99亿美元，长期计息债务规模为149.27亿美元，计息负债成本区间在3%～6.4%（见表4－6）。

表4－6　截至2021年第二季度，奈飞公司计息负债情况　单位：百万美元

票据	本金面值		公允价值	
	2021－06－30	2020－12－31	2021－06－30	2020－12－31
5.375%优先票据	—①	500	—①	502
5.500%优先票据	700	700	721	735

续表

票据	本金面值		公允价值	
	2021－06－30	2020－12－31	2021－06－30	2020－12－31
5.750%优先票据	400	400	449	449
5.875%优先票据	800	800	926	921
3.000%优先票据	557	574	607	616
3.625%优先票据	500	500	539	535
4.375%优先票据	1000	1000	1138	1110
3.625%优先票据	1540	1588	1774	1776
4.875%优先票据	1600	1600	1861	1807
5.875%优先票据	1900	1900	2336	2280
4.625%优先票据	1303	1344	1631	1630
6.375%优先票据	800	800	1022	995
3.875%优先票据	1422	1466	1715	1700
5.375%优先票据	900	900	1095	1061
3.625%优先票据	1303	1344	1553	1533
4.875%优先票据	1000	1000	1190	1155
合计	15725	16416	18557	18805

注①：2021年6月30日时尚未发行票据，故当期既无本金面值，也无公允价值。

数据来源：SEC，奈飞公司官网。

从计息债务结构看，奈飞公司主要计息负债均来自美国和欧洲债券市场融资，发行的债务融资工具为优先票据（Senior Notes），合计融资规模为157.25亿美元（包含了9900万美元的保险成本）。

根据标普全球评级数据，2009年，奈飞公司的主体评级为BB－级。2021年，随着内容生产恢复到正常水平，奈飞公司的主体评级从BB级上调至BB＋级。

（三）案例3：奇耐联合纤维（Unifrax）

1. 基本情况：高性能特种材料供应商

奇耐联合纤维是全球领先的高性能特种材料供应商，成立于1996年。该公司生产用于高温工业、汽车、电池和消防应用等领域的高性能特种纤维和无机材料，致力于帮助全球客户节约能源，减少污染，提高消防安全。公司总部位于纽约州托纳旺达①，在全球12个国家设有31个生产基地，并在全球主要工业区（包括美国、欧洲、亚洲、南非和南美洲）均有销售办事处。

2. 债券融资及评级情况：低评级

根据可获得信息，2013年，奇耐联合纤维通过高盛、富国银行等簿记管理人非公

① 具体信息详见 https：//www. unifrax. com/zh－hans/% e5% 85% b3% e4% ba% 8e% e6% 88% 91% e4% bb% ac/% e4% bd% 8d% e7% bd% ae/。

开发行了一单优先票据，主体评级为B－级，债项评级为Caa1级，融资规模为2.05亿美元，融资成本为7.50%，期限为6年（见表4－7）。

表4－7 奇耐联合纤维优先票据发行条款

发行人	奇耐联合纤维
评级	B－/Caa1
发行规模	205百万美元
发行品种	优先票据（144A－终身规则）
票面利率	7.50%
面值	100
到期收益率	7.50%
价差	T＋640
到期日	2019－02－15
交易日	2013－01－31

资料来源：标普公司官网。

三、国际实践镜鉴

通过梳理国际科创企业信用债券融资市场发展历程，分析典型科创企业信用债券融资实例并结合市场调研，我们认为，国际科创企业信用债券融资市场发展有如下做法值得借鉴。

简化科创企业信用债券发行流程有助于降低发行成本。1990年出台的144A规则允许企业向合格投资者非公开发行债券，无须经SEC注册，豁免了企业公开信息披露义务，大大降低了发行成本。目前，通过144A非公开私募发行科创债券已成为科创企业融资的重要渠道。

建立合格投资者准入标准有助于市场稳健发展。稳健高效的非公开发行债券市场需要严格的投资者准入管理。美国先后禁止储贷机构、货币基金和个人参与相关市场投资，并限定其他共同基金的投资比重。

完善投资者保护制度可以增强科创企业信用债券的吸引力。一是重视定向信息披露，可要求发行人或转让者向购买者提供发行人业务、产品和财务情况的综合信息，并通过技术手段跟踪监测交易行为，提高市场透明度。二是设立偿债基金、回售赎回、控制权约束、合并限制等限制条款，发行人信用等级越低，限制条款附加率就越高。三是破产清算制度成熟，债权人可在破产清算中获得部分补偿。

合理的交易规则设计有助于提升科创企业信用债券市场流动性。据了解，美国非公开发行的私募债券可于发行半年或一年后在发行人的非关联机构间转让，并通过场外交易平台进行买卖，或在离岸市场交易。美国还建立了多层次的做市商联络网，大部分债券在场外市场可通过做市商交易。做市商的经纪公司可以为做市商提供信息服务，支持做市商之间缓冲头寸，提高做市效率。

第二节 信用债市场注册制与信息披露制度的国际实践与启示

科创企业信用债市场发展的核心问题在于发债企业的信用风险管理。为控制中小型科创企业信用债券的风险，美国建立了严格的债券风险控制机制。其中，注册制和多层次信息披露制度起到了重要作用，美国证券市场已建立了以信息披露制度为核心的注册制。

一、注册制的国际实践与启示

美国是实行证券注册制的典型国家。美国《1933 年证券法》对各种证券类型作出了统一的规定，不区分股票、债券等具体证券类型。根据《1933 年证券法》及相关法律规定，公开发行的证券必须在 SEC 注册。根据 144A 等规则，非公开发行的证券发行人不必在 SEC 登记注册，但仍需满足信息的公平披露原则（Regulation Fair Disclosure）。

（一）注册制的国际实践

信息披露方面，美国已形成多层次的信息披露体系。美国对证券发行统一立法、统一监管，并未区分股票及债券。证券注册的条件、程序及豁免的条件规定不仅体现在《1933 年证券法》中，各州证券法也设有注册及信息披露的要求，但通过 SEC 注册后在全国性交易所上市的证券可豁免于州层面的注册。豁免注册的规则主要规定在 15c2 - 12、A 条例、D 条例以及 144A 规则中。144A 规则提出了合格机构购买者（QIB）的概念，在符合条件的机构投资者中构建了一个自由交易的市场。该规则的推出促成了美国私募发行市场的迅猛发展，144A 规则也成为外国高收益债券的重要发行渠道。

审核流程方面，在 SEC 注册审核的流程会被公开。美国证券发行相关信息统一通过电子数据收集系统（EDGAR）对外披露，包括注册阶段的注册申请文件、SEC 意见函及发行人答复；存续期的定期报告、SEC 意见及发行人答复等。从 SEC 层面注册的具体流程来看，发行人首先通过 EDGAR 向 SEC 递交注册文件，SEC 再根据发行人的标准行业分类码组织专业审核小组。拟发行企业上交材料后，若 SEC 没有提出修改意见，则上交材料的 20 天后申报生效。对于注册文件存在不足的情况，SEC 根据审核情况向企业发出审阅意见函（Letter of Comments），要求发行人修改注册声明或补充提交信息，发行人反馈回复函（Response Letter）并附上修改后的注册文件，每次文件补正申报，都会重新开始计算 20 天的生效期限。意见函预留审核人员联系方式，发行人可咨询反馈相关问题。SEC 审核周期通常在 3 ~6 个月不等。SEC 工作人员将以问题清单形式予以反馈，第一轮反馈意见的问题数量通常为 80 ~100 个，之后逐次减少。通常 SEC 会提出四轮以上的反馈意见。发行人需逐个回应 SEC 提出的问题，并持续修改信息披露文件。若仍有不明确之处，则重复上述过程，直至SEC认为所有投资者需要了解的信息均已完整披露。注册申请审查期间为静默期，不得通过沟通、邮件等方式销售或买卖证券。①

（二）注册制的启示

总体而言，美国通过注册制审核问询实践较为全面深入揭示债券风险。本报告选取GWG控股②公司债券发行审核作为典型案例（代码：0001522690）。该公司共经历10轮问询反馈，SEC意见函所提出的问题从第一轮的58个逐步减少至最后一轮的1个。通过研究该案例和美国证券法的相关规定，我们从美国注册制审核问询实践得到如下启示。

一是美国注册制以审核问询关注债券风险特征和企业流动性。因美国注册制审核规则体系并未严格区分股票和债券，对于债券信用风险的揭示主要通过审核反馈实现，例如SEC要求在注册声明生效前披露债券期限、利率、利息支付条款、发行规模等；在风险披露板块要求详细分析“契约包括停滞期、禁止申请破产、禁止出现违约时到期支付等条件”是否符合《1939年信托契约法》相关规定；预计偿还某笔债务是否会影响其他债务融资等。

二是要求发行人对所披露信息真实性负责。例如注册声明引用从公开渠道等获取的市场和行业数据，SEC要求删除对此类数据准确性免责的声明；SEC认为法律意见中包括过于宽泛或对重要事实的假设，要求对相关假设进行删除、明确或解释等。

三是重视信息的全面性。例如在公司业务方面，SEC要求在分析公司竞争优势的同时，还应详细讨论面临的挑战和风险。

四是关注所披露信息的逻辑一致与合理性。例如SEC根据所披露的历史贴现率，认为贴现率不太可能发生2%的变化，因此要求进行修改或解释2%变化的合理性；SEC要求解释分配给某一方的损失金额如何确定，以及为何明显高于其出资比例；发行人披露自2008年以来没有损失记录，但是披露2010年回收了2009年确认的20000美元损失。对此，SEC要求修改信息的不一致之处。

五是重视定量分析及信息的易读性。例如根据“公司运营相对有限，收益可能存在波动”的相关披露，SEC要求具体展示近两年的净收益、损失数据；在募集资金用途上，SEC要求披露各用途的优先次序，并具体披露实际募集100%、50%、25%、10%时用于各用途的金额；对于管理层讨论和分析模块列举的影响公司业务的因素，SEC要求分别量化披露每个因素引起的价值变化。③

---

① 《1933年证券法》第5（c）条。

② GWG控股致力于新兴的寿险保单二级市场交易业务。公司在二级市场向保险持有人以面值的折扣价收购其保单。一旦收购成功，公司继续为所购保单支付保险费以期最终获得全额保险金。

③ EDGAR，GWG Holdings，Inc.，https：//www.sec.gov/edgar/browse/？CIK＝0001522690.

二、信息披露的国际实践与启示

信息披露制度通过规定公开信息的真实、全面和及时性标准，以定期或临时报告等形式向社会公开，使公众有平等的机会获得信息，并通过影响市场参与者的决策及行为来实现市场约束的作用。有效的信息披露不仅可以降低信息成本，提高交易活跃程度与市场效率，更能使市场参与者发挥有力的监督作用，督促金融机构稳健经营。

美国《1933 年证券法》在信息披露制度方面区分了公开发行和豁免于公开发行（即非公开发行）的证券类型。《1933 年证券法》及相关法律规定，公开发行的证券必须在 SEC 注册。根据 144A 等规则，非公开发行的证券发行人不必在 SEC 登记注册，但仍然需要满足信息的公平披露原则。根据 504、506 规则，豁免注册的证券仍需要在发行后 15 天内向 SEC 提交 D 表格［D 条例 504（a）规则］。相较于注册声明，该表格的内容要求非常精简，仅要求披露发行人名称、主要营业地、所属行业、发行人规模、豁免注册依据、发行证券类型及发行额、投资者类型等。对于 D 条例 506（b）规则下的豁免注册情形，如果存在非合格投资者，发行人必须向非合格投资者提供类似于条例要求的信息披露文件，同时回答潜在非合格投资者的问题。发行人向合格投资者披露的文件没有强制要求，但是提供给合格投资者的信息必须同时向非合格投资者披露。

多层次信息披露制度为投资者进行决策提供了有力的信息保障，也限制了企业利用筹集资金投资于高风险领域等不合理行为，确保中小企业发行债券筹资的资金能用于企业经营，推动业务发展。

美国 SEC 制定了发行和存续期阶段的信息披露表格体系，分属于《1933 年证券法》与《证券交易法》框架下。其中发行阶段表格主要包括 S 系列的注册声明、适用于注册豁免的 D 表等，存续阶段表格主要包括 10 - K 表格（年度报告）、10 - Q 表格（季度报告）以及 8 - K 表格（临时报告）等。美国还专门制定了统一适用于各表格的信息披露规则，包括《财务信息披露内容与格式条例》的 S - X 规则和《非财务信息披露内容与格式条例》的 S - K 规则，明确规定需要披露的事项及写作规范。

美国证券发行相关信息统一通过 EDGAR 对外披露，按照公司名称整合了各公司历次发行注册文件、存续期报告及 SEC 意见函等，为注册声明中信息的引用并入提供便利。此外，美国还专门规定了市场风险的定量和定性披露。定量信息采用三种披露方式之一：一是市场风险敏感工具信息的表格列示，包括公允价值、确定未来现金流量的合同条款、对表格内容的描述和相关假设；二是敏感性分析披露，表示利率、汇率、商品价格等选定假设导致的市场风险敏感工具未来收益、公允价值或现金流的潜在损失；三是风险价值披露，表示在选定的发生概率下，因利率、汇率、商品价格导致的市场风险敏感工具未来收益、公允价值或现金流量的潜在损失。此外，还需披露前述信息不能充分反映净市场风险的重大限制和上一会计年度的风险汇总信息等。定性信息遵循重要性原则，披露注册人面临的主要市场风险，风险管理的目标、总体策略和工具，主要市场风险或风险管理的变化。

2004 年欧盟颁布的第 2004/109/EC 号透明度指令对证券发行者提出了统一披露相关信息的要求，其目标是提高证券发行主体所发布的经营业绩和财务状况信息质量，从而更好地保障投资者的权益。该指令第 4、5 条对年度报告、半年度报告等持续披露义务以及发行人对投资者的信息提供义务方面均作出了针对性的规定，第 8 条规定了豁免信息披露的具体情形，第 18 条对债券发行人在召开债券持有人会议方面的相关信息披露要求，如会议召开时间、债券持有人权利行使、表决权委托以及电子手段传输会议信息的相关要求等。此外，该指令还明确各债券发行人母国可以制定比该指令更严格的信息披露要求。此后，欧盟在 2007 年颁布了第 2007/14/EC 号指令，用于协调第 2004/109/EC 号指令条款的具体实施细则，如规定了披露信息的易得性：该指令在披露信息可查阅的基础上，进一步规定了“传播”的概念，即信息不仅是可获得的，还需要从发行人到媒体的积极发布，以期最终传递到投资者处；鉴于欧盟的特殊性，在有可能的情况下受监管信息还应同时传递到发行人母国境内和境外的公众处。

美国和欧盟的实践为我国债券市场信息披露制度提供了如下经验借鉴。一是统一公司信用类债券市场信息披露文件公开制度。目前我国信用债券部分品种已实现受理审核阶段的材料公示，但是各品种公示内容有所差异，可参考国际经验继续推进信用债券信息披露文件公开的统一化进程。审核阶段文件的公开需逐步推进，现阶段可赋予监管部门选择所公开内容的权力，对于未公开的材料应说明理由。二是优化信息披露文件编制规则，强化特质性风险提示。督促发行人以定量分析披露重要、特有的风险信息，并在信息披露文件中予以显著提示。发行人作为最了解企业经营和财务现状的一方，应理性客观评估风险因素对于投资决策的重要程度，并结合企业特性进行分析和提示。三是统一同类债券信息披露标准表格，进一步推动信息披露的标准化建设。我国目前已通过《公司信用类债券信息披露管理办法》统一公司信用类债券发行相关文件编制要求，后续可借鉴美国 EDGAR，统一公司信用类债券信息披露文件编制格式，建立统一的信息披露后台系统。在条件成熟时，可以推动募集说明书、存续期报告等文件统一采用可扩展商务报告语言（XBRL）格式，由公司信用类债券发行人在同一系统上传信息披露文件，系统根据债券类型将信息推送至相应信息披露平台。发行人可以在统一后台系统维护其拟披露信息，对于基础性、常规性信息，无须在每次债券发行时重复提交。

第三节　信用债市场评级机制的国际实践与启示

一、监管实践

（一）欧盟

最早涉及规范欧洲市场信用评级机构操作要求的是欧盟第 2003/125/EC 号指令，

其主旨是要求信用评级机构建立内部控制程序以保证评级结果的公正性和避免利益冲突，并按照国际证监会组织（IOSCO）2004 年颁布的《信用评级机构基本行为准则》，对高收益债券发行过程中信用评级的操作行为提出了具体要求。欧盟对信用评级活动监管主要分为两个阶段。

第一阶段是欧洲证券监管机构委员会（Committee of European Securities Regulators，CESR）的协调监管。这一阶段以欧盟 2009 年发布的第 1060/2009 号关于信用评级的监管指令为代表，其规定了信用评级发布的条件以及信用评级机构的组织和行为规则，以提高信用评级机构的独立性并避免利益冲突。具体规则主要包括以下方面。

第一，设置信用评级机构的准入标准。该法令第 2、4、5 条对信用评级机构的注册、认证作出了具体规范。一是申请注册的评级机构，即第 2 条第 3 款规定的在欧盟设立的经营实体申请注册，需符合欧盟第 2006/48/EC 号指令附录六第二部分规定的被认定为外部信用评估机构（ECAI）的条件。此外，第 4 条第 3 款还规定了在欧盟境内设立并根据该条例注册的信用评级机构可以认可在第三国境内发布的信用评级。二是已由欧盟认可的“第三国”监管，获得了“等效性和基于等效性的认证”。

第二，规定了独立性的条款。该法令第 6 条对信用评级机构的独立性条款作出了具体规范，并在附录一中对评级机构的组织结构要求、运营要求、评级分析师和直接参与信用评级活动的其他人的规则、信用评级的列报规则以及披露规则作出了具体规范。如在组织结构中明确了信用评级机构应设董事会或监事会，其中成员至少有 1/3 且不得少于两名是不参与信用评级活动的独立董事或监事，需设置健全的行政和会计程序、内部控制机制、合规职能部门等机构部门。

第三，提高信用评级透明度，强化信息披露制度。该法令第 10、11、12、13 条以及附录一第 D 节详细规定了信息披露的内容、形式以及频率。除常规的一般性披露和定期披露外，第 12 条特别指出信用评级机构应每年公布一份透明度报告，包括评级机构的法律结构和所有权、内部控制机制、信用评级方法及模型评价、评级复核等内容。

第四，加强对信用评级活动的监督，包括对于信用评级机构注册申请的统一审核，提出核准、不核准或撤销信用评级机构注册决定的通知。

第二阶段是依据第 1095/2010 号法规设立的欧洲证券和市场管理局（European Securities and Markets Authority，ESMA）进行泛欧统一监管阶段，结束了 CESR 的协调监管。2011 年，欧盟对第 1060/2009 号法规进行了第一次修订并发布《信用评级机构第 513/2011 号监管法规》（第 513/2011 号法规），赋予 ESMA 进行调查和现场检查、对评级机构施以罚款以及强制执行的权力，突破了 CESR 的协调监管形式。主要内容如下：

第一，增加了 ESMA 一般调查和现场检查的具体权力内容及程序性规则。其中，第 23c、23d 分别规范一般调查和现场检查的具体权力内容以及限制，第 23e 规定了采取监督措施和罚款的程序性规定。

第二，明确了信用评级机构违规后具体的处罚措施以及罚款缴纳标准，特别规定了定期罚款制度。其中第 24 条规定了具体的惩罚措施，包括取消注册资格、临时禁止或停止信用评级机构在欧盟范围内发布评级结果等。第 36a 条规定了罚款的缴纳标准，共 9 个级别，最高级别是 50 万～75 万欧元。第 36b 条规定的定期罚款制度是指定期向信用评级机构或有关人员征收罚款直至其终止侵权行为达到 ESMA 所做决定的标准。

随着欧债危机的爆发和对信用评级深入监管的客观要求，2013 年 5 月 13 日，欧盟对第 1060/2009 号法规再次修订并发布《信用评级机构第 462/2013 号监管法规》（“第 462/2013 号法规”），旨在加强对外部信用评级机构的监管，减少欧盟金融机构对信用评级机构的依赖。主要内容如下：

第一，增加了信用评级机构的民事责任，增加了 35a 条款，规定评级机构需为其因故意或重大过失造成的后果承担侵权责任，其中关于“损失”、“意图” 以及“重大过失” 等民事法律概念根据国际私法规则适用相应的国家法律解释。在附件三中列举了需承担侵权责任的具体情形。

第二，对避免冲突的条款作出了量化规范，对持有该信用评级机构或对该机构有支配性影响力的公司中 5% 的资本或表决权的股东或评级机构的成员作出了禁止性规定，如不能行使 5% 以上投票权、不得担任其他信用评级机构的行政或监事会成员。

第三，具体规范主权评级。修订过后的第 462/2013 号法规对评级机构发布主权债务信用评级的内容作出了规定，在第 8 条第 5 款增加了主权评级至少每 6 个月审查一次的规定；增加了“8a” 条，要求评级机构对欧盟成员国主权债务信用进行主动评级的次数为每年不得超过三次。在附件一第三款中规定了主权评级的额外义务，需要提交包括评级变化原因及其相对权重、评级变更的风险等内容。

（二）美国

2006 年，美国国会通过了《信用评级机构改革法案》（*Credit Rating Agency Reform Act of* 2006），该法案修改了《1934 年证券交易法》，试图通过促进信用评级行业的问责制、透明度和竞争性来提高评级质量，正式明确了全国公认统计评级机构（Nationally Recognized Statistical Ratings Organization，NRSROs）的注册程序，并赋予 SEC 为信用评级行业制定规章、进行监管和强制执行的权力，规定了 NRSROs 的禁止性行为。次贷危机后，2008 年 12 月至 2009 年 11 月期间，SEC 连续三次对该法案进行修订，这些修正案主要集中在改善评级机构的利益冲突、提高评级透明度、强化评级责任以及促进评级行业竞争等方面，并于 2009 年 10 月作为《金融监管改革法案》的一部分获得国会通过。同时，美国众议院还公布了《评级机构责任和透明度法案》。该法案提出在 SEC 设立信用评级监管办公室以加强对 NRSROs 的监管，要求评级机构向投资者和 SEC 披露评级内部的操作流程、评级方法以及存在缺陷等信息，确保其确立的内部评级流程符合 SEC 规则，增强评级机构的独立性以及妥善处理利益冲突问题等。

2010 年《多德—弗兰克华尔街改革与消费者保护法案》（以下简称《多德—弗兰克法案》）第 9 章第三节第 931 －939H 条中设定了相应条款，包括修订《1934 年证券交易法》第 15E 条的规定，将信息披露监管方式摆在更加重要的位置，评级机构需要更加规范地披露公司和人员的信息、内控要求、评级方法信息，特别强调对利益冲突的披露和治理：一是信息披露方面，要求评级机构通过评级机构统一报表格式（Form NRSRO）及其三个附件披露与发布信用评级相关的任何利益冲突，以及可能产生利益冲突的20家最大的客户（包括发行人和订购人）名单及其支付的评级费用，譬如，要求评级机构披露付费模式可能产生的利益冲突，让市场参与者知悉并自行判断该利益冲突是否会对评级质量造成影响。二是公司治理方面，评级机构应设置独立董事，董事会负责建立、维持和实施以借鉴、管理和披露利益冲突的政策和程序，如监管评级政策及程序中信用评级内控系统的有效性。

二、启示与镜鉴

信用评级机构、会计师事务所、律师事务所等作为债券市场“看门人”，在确保发行人信息真实披露、切实保护投资者合法利益、防范债券市场风险等方面发挥着关键作用。然而目前中介机构独立性和公正性缺失、评级依赖性强等问题突出，各国为此也作出诸多有益尝试。中介机构独立性和公正性缺失，其根源在于发行人付费模式引发的利益冲突问题。各国对于此问题的应对基本可分为两种模式。

一是回归投资者付费模式。投资者付费模式在评级机构发展初期就已出现，在利益冲突问题引发各国普遍关注后，国外部分评级机构回归投资者付费模式，以此阻断发行人与中介机构之间的利益关联。然而此模式存在“搭便车”现象，投资者付费模式并未成为主流。

二是改良发行人付费模式。美国证监会前首席会计师（Lynn E. Turnner，2020）指出，美国的公共会计师行业需要大改革，建议取消由上市公司直接付审计费用给审计师的传统做法，由美国公众公司会计监督委员会（PCAOB）先收取审计费，审计师向PCAOB申请拨款，后者基于审计质量付款。欧盟、英格兰银行等机构主要从政府租用、投资者拥有、集中结算平台、基于评级结果付费等方面提出相关方案建议。政府租用即将中介机构选择权由发行人转移至政府；投资者拥有即由证券市场上投资者组建评级机构并负责日常运营；集中结算平台即要求发行人在发行前将中介费用支付给结算平台，由结算平台来选择中介机构并支付中介费用；基于评级结果付费即将评级费用纳入基金，最终支付取决于评级机构的表现。相关研究为投票选择中介机构试点提供了借鉴。

三、经验总结

一是创新市场机制。从国外评级机构发展历程而言，为应对金融市场信息不对称问题，评级机构最初采用向投资者出售评级结果手册的投资者付费模式，然而此模式并未得到延续扩大，最终“发行人付费、发行人选择”成为评级行业主流。究其原因，相较于投资者，发行人更愿意支付评级费用以获得市场准入，而且发行人付费更易实现评级机构的盈利诉求。[①] 针对“发行人付费、发行人选择”模式潜在的利益冲突问

① 黄国平．评级功能视角下的利益冲突和付费模式［J］．证券市场导报，2012（10）：69.

题，各国探索创新机制阻断发行人与评级机构间的利益输送，但仍停留在研究层面，尚未真正开始实施。

二是强化评级监管。一方面，强化评级机构独立性，加强信息披露、提高市场透明度逐渐成为各国信用评级监管的重点。2001 年安然事件后，美国对评级行业的监管体制逐步得到明确和强化，并于 2006 年出台了《信用评级机构改革法案》，后续又出台了《多德—弗兰克法案》。这些法案对评级机构的评级方法和流程、评级表现以及评级收入等方面作出明确规定，强调加强信息披露，提高市场透明度，并且要求评级机构必须以能够被评级机构客户理解的、通俗易懂的形式发布其披露的信息。欧盟 2009 年发布第 1060/2009 号法规，强化了对评级机构的独立性监管，对评级机构的组织结构要求、运营要求、评级分析师和直接参与信用评级活动的其他人员等多个方面进行规范；规定了信息披露的内容、形式以及频率，特别要求公布透明度报告。

另一方面，国际准则和各国法规均要求降低监管对外部评级结果的依赖。2010 年，FSB（Financial Stability Board，金融稳定委员会）发布《降低依赖外部评级机构评级的原则》，并于 2012 年设定了降低外部评级依赖的实施路线图。此外，FSB 建议各国当局采取综合措施降低对外部评级的过度依赖，加强与市场参与者对话，鼓励金融机构积极开发适合其业务和区域特征的内部评级方法。2013 年，欧盟发布《信用评级机构第 462/2013 号监管法规》，旨在加强对外部信用评级机构监管，减少欧盟金融机构对信用评级机构的依赖，增加了信用评级机构的民事责任，对避免冲突的条款作出了量化规范。

第五章　科技创新企业信用债券市场发展方案创新建议

第一节　准入标准与注册制审核

一、放开科创企业发行门槛，充分发挥投资者风险识别能力

建议放开科创企业非公开发行债券的门槛，发挥投资者自身的风险识别能力。可在非公开发行时定向设置与公开发行相近的信息披露要求，提升信息披露标准，丰富信息披露维度并配置相应的问询制度，使投资者充分发挥自身的风险识别能力，提高债券发行的市场化水平。

二、深化落实注册制改革，优化注册审核制度

优化备案登记/注册审核制度。落实注册制改革、下放审核权力、实现证券发行审核市场化，建立以信息披露为核心的制度体系。科创企业信用债券以非公开方式发行的，由中央结算公司进行事前备案登记管理，在材料齐备时及时予以备案。发行文件经过定向募集范围内的信息披露和问询答复之后，备案登记机构和投资者在一定时间内无异议即自动予以备案。科创企业信用债券采用公开方式发行的，由法定注册机关依据《证券法》的规定进行注册审核，受理审核阶段不设置评级门槛，注册机构不对债券投资风险和投资价值作判断。

三、平衡静态规则与动态问询，构建审核问询标准

静态的审核规则和动态的问询反馈共同构成注册制流程和信息披露监管的完整体系。在我国现阶段债券注册制推行过程中，监管机构制定了较为详细的申请文件编制和审核细则以提供确定性指引。考虑到发行人信息披露成本及所披露信息的相关性，静态规则不必追求投资决策所需信息的充分列举，对普适于所有或同一类型发行人的披露要求进行规定即可，为充分发挥审核问询的制度价值预留空间。对于企业的特有风险及静态规则未涵盖但确与投资决策高度相关的信息，审核机构可根据自身专业判

断灵活裁量有待补充、修改的事项，例如对于风险重要性、特有性的判定需要结合企业实际在审核问询中具体落实。

总体而言，注册制下的信息披露审核应满足“排除合理怀疑”的证明标准。“排除合理怀疑”本是刑事诉讼中的证明标准，适用到注册制审核中，则是指审核人员对于发行人所披露信息的真实性、准确性、完整性已排除符合常理的怀疑。此标准的适用要求审核人员从投资者视角出发，逐一审视发行人是否充分披露了投资者判断投资价值并作出投资决策所需的信息，如有任何遗漏或形式逻辑上不一致之处，则以反馈函形式要求发行人予以补充或解释。直到审核人员对信息披露的真实性、完整性不存在任何质疑，审核即告终止。

第二节 信息披露

一、以“分类趋同、规则统一”为原则完善信息披露制度

根据六部委联合发布的《关于推动公司信用类债券市场改革开放高质量发展的指导意见》，信用债信息披露制度坚持分类趋同、规则统一的原则，公开发行与非公开发行应分别制定统一的信息披露管理制度。

一是根据科创企业特性完善公开发行信息披露细则与非公开发行信息披露规则。《公司信用类债券信息披露管理办法》授予自律组织制定相关规则、要求发行人披露募集说明书等基本材料之外文件的权力。基于此，对于公开发行，自律组织可在《公司信用类债券信息披露管理办法》统一规定之外，根据科创企业特性具体制定信息披露细则，纳入专利、科研人员、科研成果等内容，全面反映科创企业技术实力；对于非公开发行，自律组织可比照公开发行制定信息披露规则，同时尽可能与其他信用债达成协调一致。

二是统一审核阶段对外公示文件。在科创企业信用债审核阶段，增加备案登记/注册机构问询函及发行人反馈意见、发行人历次补正文件等披露文件，与公司债等信用债品种的现有实践保持一致。

三是补充披露债券环境效益相关信息。对于符合“投向绿”债券识别要求的科创企业信用债，建议按照中债—绿色债券环境效益信息披露指标要求进行披露。

二、推动科创企业信用债信息披露采用 XBRL 格式

推动信息披露标准化建设及数据共享，不仅可减轻发行人信息披露负担，同时可增强债券市场互联互通力度。XBRL 是国际资本市场普遍采用的信息披露标准，与传统数据格式相比，XBRL 标准的优势主要体现在以下方面：一是格式规范。XBRL 标准的数据遵循特有的技术规范，易于被计算机准确识别，为数据的加工、分析、交互奠定了良好基础。二是支持个性化数据。在遵循相应分类标准的基础上，XBRL 报告可在一

定程度上进行个性化扩展，在不改变原有内容可比性的前提下根据不同需求定义不同的信息。在相关技术支持下，一份报告理论上可以同时满足监管、企业内部、投资者等多方需要。三是提高报告编制效率与质量。XBRL 格式数据可与业务系统对接自动生产，减少人工干预，避免操作失误导致的数据录入错误，提升数据质量。

推动科创企业信用债信息披露标准化，具体方案如下：第一，以 XBRL 报告采集原生数据。由科创企业信用债发行人或者主承销商报送 XBRL 格式文件，信息披露平台将 XBRL 格式报告转为 PDF 格式挂网，同时从报告中抽取相关数据入库。第二，推动信息披露数据共享。以实现信息披露的“一次编辑、一次上传、多方共享、多平台披露”为最终目标，可分步推进数据化转型和数据共享。首先在单个跨市场券种（如企业债）内实现标准统一和数据共享，然后再推动公司信用债跨券种的标准统一和数据共享。系统建设上，可先建立单一券种信息披露共享系统，并积极推动相关监管部门统筹建立跨券种的统一信息披露系统。

三、静态披露与动态问询相结合，赋予投资者问询权利

发行文件提交备案登记/注册机构时，同步向定向范围内投资者/公众披露。发行人可在文件披露后×日内任选一日申请在中债路演平台举行路演，投资者和备案登记/注册机构均可进行问询。投资者可在路演期间进行问询，也可以在路演系统留言问询。对于投资者问询，发行人自愿决定是否予以答复；对于备案登记/注册机构的问询，发行人必须答复。

四、引入新型风险揭示方式，多渠道披露企业信用

引入征信公司等新型风险揭示机构补充披露发行人信息，拓宽风险揭示数据渠道，多方校验发行人所披露信息真实性。各类新型风险揭示机构基于科创企业信用债应用场景，自主提供数据产品服务和经授权获取的基础信息，自愿报名入驻平台，依法依规开展产品服务宣介。新型风险揭示机构需确保其数据来源合法，所提供产品服务不存在侵犯隐私、欺诈或误导投资者等情形。投资者和中介机构自行选择风险揭示机构并付费购买相关产品服务。

譬如，对于具备科创、绿色双重属性的债券，备案登记/注册机构可依托中债—绿色债券环境效益信息数据库等平台，为投资者提供债券募集资金投向绿色项目占比、信息披露完整性和环境友好贡献性等多维度信息，并通过标准化指标体系标识“投向绿”债券，便于投资者筛选出兼具社会效益和经济效益的企业。从实践角度看，这对于环保科技类企业债券投资者尤其具有决策参考价值。

同时，备案登记/注册机构可探索利用大数据和人工智能手段，引入与企业经营相关的各类数据进行企业画像，强化对债券及其发行人的风险监测。数据收集方面，可在符合法律规定、充分保障企业经营相关方合法权益的基础上，依托隐私计算等技术接入发行人工商、纳税、供应链、专利权、电力、司法、舆情等方面数据；在此背景

下，备案登记/注册机构还可探索与相关新型信用风险揭示机构合作，充分借鉴市场数据建模、企业画像模型先进经验，运用机器学习、专家打分等方法，对科创企业信用债发行人和已发行债券进行关键数据智能分析、风险监测和违约预警。

五、推动信贷 ABS 底层资产披露

推动与科创企业相关的信贷 ABS 尤其是知识产权抵押贷款信贷 ABS 的发展，实现底层资产穿透披露与监管，通过信贷资产或抵押物情况补充揭示科创企业信用状况。

一是明确要求基础资产逐笔披露，为投资者提供估值和风险分析的依据。及时披露当期资产池逐笔贷款基本要素、借款人情况、抵押物估值及估值依据、贷款逾期、损失及相应处置措施。二是提高信息披露的标准化水平。推动信贷 ABS 产品信息披露表格模板的标准化工作，针对科技创新领域专门制定信息披露模板（注册报告、发行说明书、贷款服务机构报告、受托机构报告等），全面、充分、准确披露产品价值和风险信息。

六、发挥专门法院在虚假陈述责任认定中的作用

建议因欺诈发行、虚假陈述而引发的侵权纠纷或代表人诉讼由省会城市中级法院管辖。《全国法院审理债券纠纷案件座谈会纪要》（2020 年 7 月 15 日）规定，债券侵权纠纷案件由省、自治区、直辖市人民政府所在的市、计划单列市和经济特区中级人民法院管辖。《最高人民法院关于证券纠纷代表人诉讼若干问题的规定》（2020 年 7 月 30 日）明确指出，证券纠纷代表人诉讼案件，由省、自治区、直辖市人民政府所在的市、计划单列市和经济特区中级人民法院或者专门人民法院管辖。特别代表人诉讼案件，由涉诉证券集中交易的证券交易所、国务院批准的其他全国性证券交易场所所在地的中级人民法院或者专门人民法院管辖。由省级政府所在地中级人民法院管辖，可避免地方利益关联对于司法公正性的影响，提高金融审判专业化水平，统一裁判标准，促进法律统一适用。

与此同时，应充分发挥专门法院/法庭在争议解决中的作用。2018 年，首家金融法院在上海设立，2021 年 1 月 22 日，《全国人民代表大会常务委员会关于设立北京金融法院的决定》通过。金融法院属专门法院，审级相当于中级人民法院。同时，深圳也在中级人民法院中设立金融法庭。专门法院/法庭的设立是立足于当地经济发展水平及争议解决需求的，相较而言，在北京、上海、深圳等经济较为发达的城市，债券纠纷数量也相对较多。充分发挥专门法院/法庭作用，不仅可专业、集中地解决管辖范围内的债券纠纷，同时也可为其他各地法院的争议解决提供实践范例。

第三节 中介机构与投资者保护

一、完善评级机制，创新中介机构选择模式

外部评级具有规模效应，仍然具有行业价值和存在的必要性，不能由投资者付费

评级模式完全取代。评级制度是债券市场基础性制度之一，债券市场是资金批发市场，客观公允的外部公开评级能便利投资人按照风险偏好甄别、选取投资标的，起到提升市场运行效率、降低市场运行成本的作用。就成本分担而言，可探索创新由发行人、行业协会等相关方构建评级费用安排机制。就市场整体而言，完全依赖投资人内部评级会间接提升市场融资成本，也不利于内部评级能力不足的中小投资机构开展投资活动。就中小投资机构而言，由于内部信用评级体系的建设成本极高，因此其对外部评级的需求始终存在。对单笔发行规模通常较小的科创企业发行人来说，融资成本的变化对其能否发行成功的影响较大。

建议创新中介机构选择模式。对于信用评级机构、会计师事务所、律师事务所三类中介机构，探索实行投资者投票选择机制。突破发行人选择中介机构的传统模式，由投资者投票选择中介机构，破除中介机构与发行人的利益关联，确保中介机构客观中立地出具意见（包括保留意见等），由此提升信息披露的真实性和透明度。此外，该模式在试点成功后，也可推广至债券受托管理人领域，由发行人自主选择债券受托管理人。从目前企业债持有人结构看，投资者集中度较为分散，中介票选结果被少数几家机构操控的可能性较低（见表5-1、表5-2）。

表5-1 中央结算公司一级托管企业债的投资机构集中度分析

均值以上机构	均值以下机构	大于中位数的机构	小于中位数的机构
238家	928家	583家	628家

表5-2 在中央结算公司一级托管的头部投资机构托管量占比

前3名	前5名	前10名
6.38%	9.92%	17.45%

二、完善存续期管理制度，有效维护投资者权益

一是严格执行《证券法》对虚假信息披露等违法行为的处罚，落实其中对民事责任承担的法律规范。严格执行《证券法》及相关法律法规中对信息披露违法违规行为的处罚标准，对相关违法违规行为进行处罚。《证券法》《虚假陈述司法解释》等法律规章中规定了虚假信息披露等证券违法行为民事责任承担的条件与标准，《全国法院审理债券纠纷案件座谈会纪要》进一步明确了债券发行人、受托管理人、增信机构、控股股东、债券承销机构以及服务机构的具体民事责任，为债券投资者权利保护提供了有力支持。但是其中具体的标准、过错认定以及责任追偿等条款有待于在具体案件中落实。

二是推动科创企业信用债券在合同中设置权利保护措施条款。具体包括控制权变更限制条款、交叉违约条款、支出限制条款等多样化偿债保障条款，保证发行人偿债能力，通过市场化而非行政监管的方式保护投资者合法权益。

三是完善投资者民事诉讼程序性规则，畅通投资者民事诉讼渠道。在投资者权益

受到损害时，在建立内部风险隔离的前提下，可由备案登记/注册机构提供诉讼法律援助。此外，《最高人民法院关于证券纠纷代表人诉讼若干问题的规定》完善了《民事诉讼法》和《证券法》代表人诉讼的具体规范，规定了普通代表人诉讼和特殊代表人诉讼的起诉条件、代表人选任条件与过程、权利登记与公告的基本制度、调解规则与听证程序。但是其中没有明确债券市场可以适用该项规则，也没有明确代表人诉讼的投资者保护机构以及相应的业务规则。因此当条件成熟时，备案登记/注册机构适时依法代为提起民事诉讼。

四是加强对逃废债的监管，依法追偿。建议完善征信系统的信用约束机制安排，探索建立社会征信信息共享机制。对于恶意逃废债的发行主体可在法律规定的范围内，施加相关限制性措施。例如，限制贷款，限制投资和高消费行为，限制乘坐飞机、高铁、动车，限制出境等。在民事领域，建议通过立法推动落实民事赔偿责任先行。目前，《证券法》《公司法》《刑法》等规则都规定了民事赔偿责任先行，但事实上行政处罚和刑事处罚执行效率远高于民事赔偿责任。建议通过立法推动没收违法所得与民事赔偿责任的制度衔接，使在现行制度框架下上缴国库的没收违法所得收入优先用于民事赔偿。在刑事领域，建议加强对逃废债中违法行为判定标准的研究，对情节恶劣的依法予以刑事处罚。目前，《刑法》第三百一十三条拒不执行判决裁定罪，第三百一十四条隐藏、转移、变卖、故意毁损被查封冻结财产罪，第一百九十二条集资诈骗罪，第一百七十六条非法吸收公众存款罪等都是对逃废债具体行为的处罚。由于逃废债案件诉讼至法院较少，需在未来的司法审判中研究这些条款在逃废债案件中的具体适用条件。在行政监管领域，建议监管部门与司法裁判部门形成呼应，依法履行自身主动监管的职能。与司法审判的被动性相比，行政制裁具有更多的主动权，行政监管部门在削减行政干预的同时，也应依法履行自己主动监管职能，包括依法及时进行现场检查、作出行政处罚决议等。

五是完善民事赔偿责任先行相关制度。其一，可引入暂缓入库规则和财政回拨制度。暂缓入库规则主要适用于在刑事诉讼、行政处罚过程中，或者在刑事财产刑或行政财产罚判决生效后，发现责任主体还应承担民事责任且不能同时实现时，应将收取的刑事罚金和行政罚款在一定的合理期限内暂缓上缴国库，而等待民事判决执行之后，再上缴国库。财政回拨制度是指在刑事诉讼或行政处罚过程中，可能存在投资者的民事赔偿诉讼还未被提起或正在进行当中的情形，又或者在责任人公法上的财产性责任已经执行，刑事罚金或行政罚款等已经被上缴国库之后，投资者的民事赔偿诉讼还未提起或正在进行当中的情形。其二，增加行政罚款缓、减、免的适用事由。在执行行政罚款和没收违法所得时，应当为将来民事赔偿责任的承担预留空间，将责任人的民事赔偿能力纳入没收违法所得和行政罚款缓、减、免的适用事由中予以考虑。其三，建立投资者补偿基金制度。考虑借鉴美国的公平基金制度，在没收违法所得与民事赔偿责任竞合时，由证监会将没收（或者更确切地说是追缴）的违法所得设立专门的投资者补偿基金，这可以规避暂缓执行制度和财政回拨制度中的诸多不确定性和法理困惑，更为直接有效地实现没收违法所得与民事赔偿责任的衔接。其四，可通过约定设置先行赔付制度，如建立投资者利益补偿专项基金。2020年3月施行的新《证券法》第九十三条及相关规定对先行赔付的适用条件进行了解释。先行赔付是指在发生虚假陈述案件时，在对发行人的行政处罚、司法裁判还未作出时，由虚假陈述民事赔偿责任的连带责任人之一先行垫资向投资者承担赔偿责任，然后再向未参与先行赔付的发行人及其他连带责任人进行追偿的一种措施。可将先行赔付作为一种可供发行人、中介机构和投资者自行选择适用的制度在方案中予以明确。

第四节　技术支持

一、新型风险揭示机构的已有实践与潜在协同方向

近年来，征信机构、数据供应商等新型风险揭示机构通过自有数据沉淀、外部数据采购等方式，实现了对企业专项数据的集成，并形成了相应的分析工具箱。在科创债市场试点初期，可探索引入新型风险揭示机构，经企业授权由各方披露多维数据以展现发行人的真实运营状态，及时、全面地揭露发行人潜在风险，减少信息不对称。课题组基于调研成果与公开资料，对5家代表性新型风险揭示机构情况做了梳理。

（一）百行征信

百行征信成立于2018年，是一家从事个人征信、企业征信及相关产业链开发的信用信息产品与服务供应商，是国内首家同时持有个人和企业征信牌照的市场化征信机构。百行征信所掌握的企业征信数据覆盖了工商、税务、电力、专利等领域。此外，百行征信也与多家合作方签订协议，通过接入数据源的方式合规获取了多维度的数据。

（二）微众信科

微众信科成立于2014年，是大数据征信和智能风控服务商。微众信科于2015年获得企业征信备案，2017年获得国家高新技术企业资质与国家信息安全三级等保资质，2018年成为国家发展改革委首批综合信用服务机构试点单位，2019年成为国家公共信用信息中心首批信用修复服务机构，掌握了税务、工商、司法、知识产权等领域的多元信息与产品矩阵。

（三）本应科技

本应科技致力于运用科技大数据，开展科技实时监测、技术预测、产业研究、技术量化风控、技术与企业评价等技术研发和产品创新工作，汇集专利、论文、人才、机构、产业等数据，搭建了科技大数据平台，自主研发了复杂技术网络排名算法、科学技术知识引擎、产业雷达与创新链智能构建和分析方法、基于地理信息系统（GIS）的区域科技创新监测与管理系统。

（四）德勤智慧债券

德勤智慧债券为信用风险管理一站式平台，提供以发债企业评估、实时预警和舆情监测为核心功能的实时在线服务。债券评估方面，帮助用户对发债企业的财务数据与经营数据进行分析，助力准入、授权、定价等基于信用风险量化的业务决策。债券预警方面，以德勤内评模型为基础，同时考虑企业财务、经营、行业、地区等因素进行基本面分析；其后，进一步考虑负面舆情与市场波动等方面，分析其对企业信用质量产生的边际影响。

（五）平安科技欧拉图谱

欧拉图谱是平安集团旗下以企业智能分析为目标的知识图谱产品，围绕企业、行业、人物、事件全面展现企业经营过程。欧拉图谱已积累20余亿条企业、人物及关系边等数据，包括企业工商、财报等结构化数据，以及企业公告、监管问询、行业研报、媒体舆情等非结构化数据。

（六）潜在协同方向

可由新型风险揭示机构在经企业授权情况下提供数据接口，供备案/注册机构、中央结算公司、投资人等试点机构调取数据以进行企业风险揭示与价值发现。若试点参与机构提出新的数据需求，需在管理部门指导下，充分征询各相关方意见，达成广泛共识后，稳慎探索引入，避免带来不必要的成本和风险隐患，真正起到助力科创企业融资，降低科创企业融资成本，护航科创企业稳健发展的作用。

新型风险揭示机构的引入可为科创债市场试点提供多方风险揭示机制，在一定程度上缓解科创企业信用债券融资固有的信息不对称问题。但新型风险揭示机构现有的数据矩阵及分析工具并非专门针对科创企业、科创债券而设计，后续的实用转化及与试点机制的衔接等方面仍待探究。

二、探索依托隐私计算技术挖掘试点企业数据价值

基于当前的政策导向、技术趋势，针对新型风险揭示机构数据品类不齐全、分析工具针对性不强的情况，可考虑在技术成熟、方案可行时，在各级政府部门支持下由中央结算公司与公共信用信息管理机构、区域征信公司开展隐私计算应用探索，基于多元全面的工商、水电、社保、税务等公共信用信息，应用符合科创企业信用债券发行特点的算法，实现对发行人信息价值的深度挖掘，构建价值识别与风险监测体系，缓解科创企业信用债券发行中的信息不对称。

（一）隐私计算："数据可用不可见，数据不动价值动"

根据中国信通院编制的行业白皮书，隐私计算是指在保护数据拥有者的权益安全及个人隐私的前提下，实现数据流通及数据价值深度挖掘的方法，是区块链、大数据等技术趋于稳定、进入工程化应用阶段后的集成式创新应用。"数据可用不可见，数据不动价值动"，是隐私计算的重要理念基础。

隐私计算解决了保密数据在运维成本、安全保障等方面的痛点，因为数据调用方不需反复配置新的网络、存储资源（服务器、交换机等）以传输、存储数据，同时数据的保密、运维工作也可全部交由数据存管机构进行，在减少数据获取成本的同时增强了数据保密效能，在数据流通领域有广阔的应用前景。2021 年 3 月，北京国际大数据交易所成立并提出要构建“数据可用不可见、用途可控可计量”的新型数据交易体系，上线了基于区块链和隐私计算的 IDex 系统。

20 世纪 70 年代，学界对隐私计算概念已有初步探索；进入 21 世纪 20 年代，隐私计算技术与模式渐趋成熟，成为国内外的技术热点。从国际上看，知名咨询机构高德纳公司（Gartner）发布的《2021 年重要战略科技趋势》中，隐私计算被列为九大未来科技发展趋势之一。从国内看，2021 年以来，各级政府对隐私计算的政策支持体系加快形成。

在中央层面，2021 年 5 月，国家发展改革委等四部委印发《全国一体化大数据中心协同创新体系算力枢纽实施方案》，指出要试验多方安全计算、区块链、隐私计算、数据沙箱等技术模式，构建数据可信流通环境，提高数据流通效率。2022 年 4 月，《国家发展改革委办公厅、银保监会办公厅关于加强信用信息共享应用推进融资信用服务平台网络建设的通知》指出，要鼓励各级平台采用联合建模、隐私计算等方式与金融机构深化合作，更好服务金融机构产品研发、信用评估和风险管理。在地方层面，2021 年 7 月，广东省印发《广东省数据要素市场化配置改革行动方案》，提出要构建包含隐私计算在内的数据新型基础设施。

在当前的政策框架下，中央结算公司可与公共信用信息管理机构、区域征信公司探索开展隐私计算，依托算法对发行人多维信息进行校验分析并在合规前提下向投资者进行定向披露，助力投资机构进行价值发现与风险识别，提升科创企业信息可得性，缓解信息不对称。

（二）隐私计算基础上的算法分析

经研究梳理，当前市场上可获取的企业信用风险揭示相关信息主要包括企业财务数据、工商信息、司法诉讼、经营情况（如纳税、行政处罚、失信被执行、进出口、知识产权、社会保险、水电气费缴纳）等信息。这些较为原始的数据蕴含了大量的企业风险信息，需进一步将其提炼为能够表征企业风险且结构化的量化指标，由此建立包含原始指标、衍生指标、分析指标的多层级风险指标体系。

在业务开展之初，由于缺乏真实的高风险样本标签，考虑采用聚类分析将风险指标相似的企业归类，结合业务经验或借鉴企业历史信贷违约情况，依次为各类企业进行风险等级划分，形成发行定价、发行额度等方面的参考。后续基于实际业务数据积累，考虑尝试逻辑回归、随机森林、支持向量机、深度学习等多种机器学习方法，建立企业信用风险监测模型，预测企业违约概率，并持续更新。这样可以根据企业风险预测情况，动态调整风险定价。

随机森林算法决策树示例（电费支出常值偏离度）如图 5 - 1 所示：

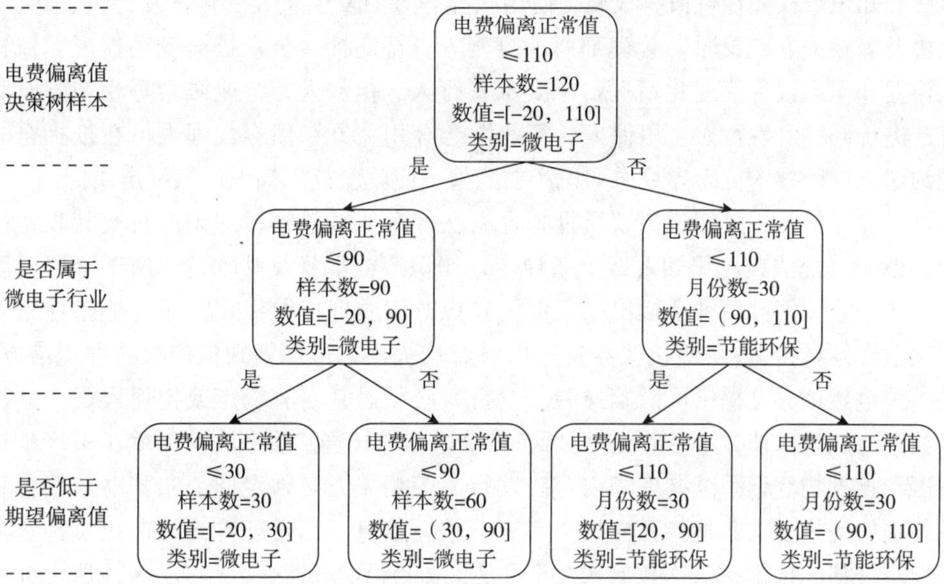

图 5-1　算法案例（电费偏离决策树）

（三）隐私计算与区块链的融合应用

2021 年 12 月，国家网信办公室国家区块链创新应用试点入选名单，中央结算公司“区块链+风控管理”项目入选，是债券市场在“区块链+”领域的重要探索与尝试。

为更好地在数据确权、追溯等方面提供保障，中央结算公司可探索在符合法律规定的基础上，将试点的大数据运算置于以“联盟链”为代表的区块链基础架构上。隐私计算与“联盟链”均运用了分布式系统、加密算法等技术，在具有较多共性的同时，也各有优势。将隐私计算和“联盟链”相结合，可探索在数据流通过程中通过隐私计算有效完成保密前提下的数据分析；同时，可探索依托区块链基础架构不可篡改、可追溯的技术特点，满足市场对数据确权、溯源、审计的需求。两者的结合将有助于对数据保护、权属分割等数据流通中的核心问题提供综合服务方案。

第五节　产品设计探索

一、知识产权相关创新产品

（一）知识产权质押增信

科创企业可以其自有的或担保人的知识产权或知识产权转让、许可、作价入股而产生的收益权进行质押，以担保科创企业信用债券本息的兑付。发行人、担保人、行业协会等相关方自主决定是否由第三方评估机构对知识产权进行价值评估、审计和权属审查。知识产权如在价值、权属、使用状况等方面发生重大变化，发行人、担保人、行业协会等相关方应及时向管理部门、投资人、特定社会公众披露变动情况。债权代理人根据知识产权价值变化情况，可要求发行人、担保人、行业协会等相关方对其质押资产进行调整。发行人、担保人、行业协会等相关方和债券代理人可在抵押合同中事先约定，如因技术更新导致原知识产权贬值，应就新技术知识产权设定质押。

可行性评估。一是知识产权质押担保有法律和实践依据，知识产权及其收益权可质押。根据《民法典》第四百四十条规定，知识产权本身及其收益权属于可以出质的权利。多个企业债券品种已提出探索使用知识产权质押担保模式，如《战略性新兴产业专项债券发行指引》《绿色债券发行指引》均提出，可探索知识产权质押增信方式。二是特种金融债券已提供可借鉴经验。发行人必须以其自有资产或担保人资产进行抵押或质押，以担保债券本息的兑付。《特种金融债券托管回购办法》明确了资产抵押合同签署和抵押物登记手续办理等内容。发行人等相关方必须定期公布其财务报告和资产评估报告等信息披露材料，向投资者充分披露信息。三是现有知识产权质押登记不强制要求评估。根据《著作权质权登记办法》《专利权质押登记办法》《注册商标专用权质押登记程序规定》，申请知识产权质押登记不必须提交资产评估报告。四是由债权代理人代理投资者办理质押的权益归属于投资者。目前项目收益债已明确由债权代理人办理质押。债权代理人办理质押登记后，权益仍归属投资者。《全国法院审理债券纠纷案件座谈会纪要》明确规定，为债券设定的担保物权可登记在受托管理人名下；所得权益归属于全体债券持有人。五是可探索反向许可或转股等模式。知识产权资产处置、变现难度较大，且作为企业核心资产的知识产权一旦被变卖，企业将丧失存续的能力，可探索反向许可或转股等模式。

具体应用债券品种。一是小微企业增信集合债。由信用优良的企业发行小微企业增信集合债，以委托贷款形式为科创企业提供流动性支持。科技创新企业可以知识产权或知识产权收益权质押，作为贷款本息偿还的担保。此方案中，委贷银行的贷款审批要求需有所突破，否则科创企业通常难以满足。二是战略性新兴产业专项债。由相关领域的科创企业发行战略性新兴产业专项债券，科创企业以其自有知识产权或担保人知识产权质押增信。

（二）知识产权入股质押（股权质押）

科技创新企业 A 以知识产权或其他财产权利作价入股其他企业 B，以其持有的 B 企业的股权设立质押，以担保科创债券本息的兑付。

可行性评估：科技创新企业 A 以知识产权或其他财产权利作价入股其他企业 B，可以实现风险分散的目的，解决以科创企业自身股权设置质押，股权和债权风险方向一致的问题。科创企业 A 本身出现偿债风险时，投资者可以行使质权，获得资信运营状况较好的 B 企业的股权。就股权质押，根据《民法典》第四百四十三条规定，质权自办理出质登记时设立。

（三）知识产权 ABS

方案一是知识产权质押信贷 ABS。探索以知识产权质押贷款等担保债权作为基础资产发行资产支持证券，同时要求此类 ABS 产品募集资金专项用于支持科技创新企业发展。方案二是科创企业资产 ABS。科创企业以专利、商标等知识产权本身或因知识产权转让、许可使用而产生的收益权作为基础资产发行资产支持证券。

可行性评估：一是知识产权质押信贷 ABS 可行性评估。目前该类 ABS 的基础资产权益人为金融机构，难以直接助力科创企业融资。因此需要通过政策对此种产品募集资金投向进行要求，明确仅可用于支持科创企业发展。此外，未来以企业贷款为基础资产的资产支持证券化产品将逐步被取消，主要推动发行以个人贷款为基础资产的产品。二是科创企业资产 ABS 可行性评估。科创企业资产 ABS 可采用多种模式，知识产权权利证券化基于知识产权本身，无须受制于科创企业知识产权许可、转让等情况，灵活性更强。知识产权许可等衍生权利证券化的还款来源由合同明确规定，现金流容易预测，证券化较易推行。然而，该类产品同样面临知识产权估值难度大、变现能力差等问题。

（四）知识产权项目收益债券

依托现有项目收益债券品种，以科创企业知识产权项目为基础，债券募集资金用于知识产权项目的技术开发与商业运营，债券本息偿还资金完全或基本源于知识产权运营收益，科创企业将知识产权或收益权足额向债权代理人办理质押手续。

可行性评估：一是需将知识产权项目纳入项目收益债范畴。科创企业技术开发需要大量资金投入，技术成熟并投入商业运营后预计可产生持续性运营收入，理论上符合项目收益债中的项目特征。然而，项目收益债主要针对符合国家产业政策的固定资产投资项目。因此，需要明确将知识产权纳入项目收益债范畴。二是知识产权项目预期收入难以评估。项目收益债券存续期内每年项目收入应该能够完全覆盖债券当年还本付息的规模。然而，知识产权预期收益较难以评估和量化，可能使项目经济效益评价面临困难。三是募集资金用途有限。募集资金仅可用于所涉知识产权项目开发与运营，不能用于支付科创企业其他技术开发费用或补充企业营运资金。

二、碳资产相关创新产品

（一）碳排放权质押增信

科创企业可以其自有的或担保人的政府分配的碳排放权配额或核证自愿减排量（CCER）进行质押，以担保科创企业信用债券本息的兑付。还可探索利用中债—绿色债券环境效益信息披露指标体系及数据库，并结合碳排放权市场的碳配额或 CCER 等开展产品创新。

可行性评估：碳排放权抵押贷款、CCER 质押贷款已有先例，由各交易所自行制定规则并办理抵押登记。截至 2020 年 3 月底，广碳所碳配额抵押融资业务累计开展 8 笔，抵押配额共计409.64万吨，融资金额为4335.62万元；CCER抵押融资累计开展3笔，抵押CCER共计280万吨，融资金额为2000万元。从市场实践看，目前，碳排放权抵押贷款、CCER质押贷款仍存在制约因素。一是科创企业可适用抵押的碳资产主要是CCER，不适用于碳排放权。碳排放权配额发放主体主要为电力企业，科创属性仍有待进一步挖掘。二是碳资产作为债券发行的担保品在技术上具有可行性，然而，考虑到实现“双碳目标”需要先立后破，稳慎推进，担保价值仍有进一步挖掘的空间。三是碳排放权的法律性质存在争议，权利保护机制仍待完善。此前的碳排放权、CCER抵押贷款案例均属于个例，在产生纠纷时难以直接适用《民法典》的抵押、质押条款。

（二）碳债券

碳债券是指企业为筹集低碳经济项目资金而发行的承诺在一定时期支付利息和到期还本的债务凭证，其核心特点是将低碳项目的碳减排收入与债券利率水平挂钩。具体而言，该类债券的利率采用“固定利率+浮动利率”的形式，其中固定价格为交易双方约定的基础价格，浮动利率部分与发行人的相关项目在债券存续期内实现的CCER收益正向关联。

可行性评估：碳债券发行已有先例。2014年5月，国内首单碳债券——中广核风电附加碳收益中期票据在银行间交易商市场成功发行。该笔碳债券的发行人为中广核风电，发行金额为10亿元，发行期限为5年。债券利率采用“固定利率+浮动利率”的形式，其中浮动利率部分与发行人下属5家风电项目公司在债券存续期内实现的CCER收益正向关联。

三、附可转股条款产品

允许非上市科创企业在非公开发行科创债时附加可转股条款，使得债券持有人在进入转股期后，可按照发行时约定的价格将债券转换成公司的股权，并以直接变更工商登记的形式进行转股确权。允许发行人结合自身实际情况确定发行期限，同时在转股期设置方面不设额外限制。

可行性评估：2019年2月，中共中央办公厅、国务院办公厅印发了《关于加强金融服务民营企业的若干意见》，文件明确提出：“支持非上市、非挂牌民营企业发行私募可转债。”在限制性规定方面，现有的相关债券发行规范文件中暂无对可转债发行的禁止性规定。与此同时，在探索推动含转股条款科创债业务落地时，因可转债发行涉及增资扩股事宜，若发行人为国有企业，还需获得国资委或特定企业的上级主管部门批复方可申请发行。在转股确权方面，以直接变更工商登记的形式转股是一级股权市场中较为普适的可转债转股形式，以此类方式转股无须到交易所、股交所挂牌，不受交易场所在可转债领域的规则限制，如沪深交易所发布的《非上市公司非公开发行可转换公司债券业务实施办法》。目前，法律法规对以直接变更工商登记的形式转股无禁止性规定，合同签署方可于不违反法律法规强制性规定的前提下实现意思自治。在估值定价方面，科创企业股权估值弹性较大，往往需根据其所属行业发展空间、竞争格局、企业发展阶段等因素综合考虑估值方法。建议在条件成熟时，可参考《私募投资基金非上市股权投资估值指引（试行）》《非上市公司股权估值指引》等估值方法，探索发布科创企业债券估值指引，为科创企业可转债的估值提供参考。

四、附可续期条款产品

建议探索允许科创企业发行附可续期条款的永续债，并可分别设置对发行人、投资人有利的条款。

有利于发行人的安排：利率设置方面，鼓励发行人以发行前 5 日国债收益率均值等定价周期较短的利率作为基准①，在其上加点形成发行时利率以及计息周期末再续期的重置利率；在 N≥2 个计息周期后②，方可设置利率跳升条款。利息支付方面，发行人有权全部或部分取消派息，除构成对普通股收益分配限制外，不构成违约事件；可采用非累积的利息支付方式，未向债券持有人足额派息的差额部分，不累积到下一计息年度。赎回时点方面，首个计息周期结束后发行人可进行赎回，但发行人不得形成赎回权将被行使的预期。

有利于投资人的安排：违约触发方面，在发行人流动性管理能力较强的情况下，可设置交叉违约条款，保障投资者及时求偿的权利。回售权利方面，允许设置在首个计息周期后的有条件回售条款，当发行人经营指标长期低于一定水平时，投资人有权在首个计息期结束后行使回售权利。流动保障方面，引入永续债的传统投资主力，如银行理财、基金专户、券商资管、保险资管等，探索构建常态化做市机制，提升永续债流动性。

可行性评估。公司信用类债券市场已推出永续债品种并日趋成熟。截至 2021 年末，非金融企业共发行永续债 2891 只，总发行规模为 39738.14 亿元。实践中，永续债发行人为降低发行时利率，普遍会选择附加高额利率跳升条款，在计息周期结束后若进行续期则需支付 300～800 个基点的罚息，因而发行人常在计息周期末即完成兑付以规避罚息，被市场称为“假永续债”。

本方案中，发行人至少在 N≥2 个计息周期后方可设置利率跳升条款，在短期内去除了罚息约束，增强了发行人在存续期限选择方面的自主权。截至 2021 年末，以 3 年、5 年为计息周期的非金融企业永续债总发行规模合计占比达 87.58%。假设试点中大多数发行人选择发行以 3 年、5 年为计息周期的科创企业永续债券，且仅可在 2 个以上计息周期后方可进行利率跳升，则该类永续债较易于以发行时利率水平存续 6～10 年，不仅与股权投资 5～8 年的常规退出时间相近，还可实现错位覆盖，在合理规划下能够让发行人同步进行股债融资且无须同时面对股权对赌③与债券兑付压力。然而，考虑到

---

① 实践中，部分永续债基准利率定价周期长、波动幅度小，不利于发行人利用低利率窗口重置利率进行续期，降低发行成本。

② 计息周期由发行人确定，多见为 3 年、5 年，表示为 3 + N、5 + N。

③ 调研显示，股权对赌失败时，企业需对股权进行回购并支付补偿赔款，类似于兑付所获股权融资的本金与罚息。

投资者可能会将该类型债券视作 6 ~ 10 年期的长久期债券，在资产负债配置过程中，该类型债券可能会与同久期品种产生交叉，制约了其发展空间。因此，在本方案中，建议允许设置在首个计息期后进行有条件回售的条款，当发行人业绩指标长期低于特定水平时，投资者有权将债券回售给发行人，满足投资者避险需求，助力该类型债券市场顺利运转。

第六节　其他配套建议

一、鼓励符合条件的金融机构提供做市服务

完善价格发现机制，提高市场流动性，是科创债市场稳健发展的关键。建议鼓励符合条件的商业银行、证券公司等境内金融机构法人开展现券做市业务，持续向市场提供现券双边买卖报价以及回复市场询价请求等服务。开展现券做市的金融机构应积极开展做市业务，重视报价质量，密切注意市场和自身头寸变化，根据盘中报价变化与市场变化调整做市策略，不断完善做市交易定价机制，提高独立定价能力，确保做市报价处于市场合理水平，严格履行做市及成交义务，提高市场流动性，促进形成可有效反映市场供求关系的科创债市场收益率曲线。

二、培育私募基金等多层次科创债市场投资者

从国际科创企业信用债券市场的发展经验看，私募基金是科创企业信用债券市场的重要参与主体。我国债券市场投资者主体为商业银行、保险公司、证券公司、基金公司等，投资者风险偏好较低，投资风格以配置盘为主。近年来，随着监管趋严和违约增多，主流投资机构市场风险偏好有进一步下降的趋势。建议吸引和培育愿意承担一定风险以获得更高收益的私募基金投资者参与科创债市场，建立投资者分层管理制度，进一步完善和丰富市场投资者结构，促进科创企业信用债券交易活跃度和流动性的提高。

三、丰富科创企业信用债券本息偿付方式

根据国外公司债务融资相关经验，科创债券可考虑创新本息偿付模式。第一，实物支付。即在本息偿付上，灵活采用有价值的商品和服务等形式提供补偿，不完全为单一的现金形式，例如采用一半现金、一半实物的利息支付方式。第二，代管账户。即将债务融资的收益存入设立在托管代理人处的托管账户，托管代理人根据托管协议将收益作为债务偿付的担保，由此为投资者获得偿付提供进一步保障。

四、增加关于科创属性的信息披露内容

建议科创企业发行人探索在发行文件、存续期临时报告或定期报告中披露与公司

科创属性相关变动的事项，包括但不限于以下内容：近3年研发投入占营业收入比例或累计研发金额；研发人员占比；形成主营业务收入的发明专利；核心技术或主营业务经国家主管部门认定具有国际领先、引领作用或者对于国家战略具有重大意义；作为主要参与单位或核心技术人员作为主要参与人员，获得国家科技进步奖、国家自然科学奖、国家技术发明奖并将相关技术运用于公司主营业务；独立或牵头承担与主营业务和核心技术相关的国家重大科技专项项目；依靠核心技术形成的主要产品（服务）属于国家鼓励的关键产品等并实现进口替代。

五、丰富科创企业增信措施

多措并举，丰富科创企业增信工具，降低企业增信成本。增加政策性担保机构对科创企业发债担保额度，减免担保相关费用，政府为从事科创企业信用债券担保的担保公司按照担保金额给予一定比例风险补偿。拓宽科创企业发债抵押、质押品范围，积极探索科创企业股权、知识产权等质押担保措施。推动科创企业相关信用风险管理工具的创设和发展，有效转移和对冲科创企业信用债券信用风险。

六、完善科创企业信用债券市场交易机制

在市场互联互通方面，可探索打造从受理申报、信息披露到发行服务、交易结算全流程集中统一的基础设施平台，有效集聚信息、资源，提高债券流动性。在市场价格形成方面，可由专业金融估值公司向市场提供科创企业信用债券交易价格信息并提供金融信息服务，增强科创企业融资试点二级债券市场价格透明度，为债券发行和交易提供价格参考。在丰富市场参与者方面，可建议管理部门适当放开商业银行、保险公司、证券投资基金等机构对投资债券品种评级的限制，在考核、税收等方面出台支持政策，促进提升国内机构投资者的投资需求。此外，境外投资者方面，可充分发挥跨境互联互通和推动对外开放中的优势，吸引外资购买科创企业信用债券，借力外资机构的“鲇鱼效应”，培育多元化市场参与主体，推动债券市场支持科创企业融资发展。

第六章 实践方案初探

第一节 相关定义

一、沙箱定义

“沙箱”是计算机安全领域的专业术语，指制造出隔离环境，将程序运行在一个受限的系统中，控制程序可使用的各方面资源并在其中进行实验。“沙箱”中的所有改动对外部系统环境均不会造成任何影响。

近年来，“沙箱”概念被引入金融科技创新与监管领域，相关业务重点关注金融更好服务实体经济。国际上，英国、新加坡、澳大利亚等国家均已设立并运营“监管沙盒”开展探索。在我国，科创企业信用债券融资也已有一定实践积累。本方案重点关注金融科技助力科创企业信用债券融资流程优化、信息披露和风险防控等方面工作，考虑到相关创新举措的可操作性和实践要求，可考虑借鉴“监管沙盒”模式，开展初步探索。

二、参与主体

1. 科创企业：建议依据《高新技术企业认定管理办法》选择相关高新技术企业。

2. 投资者：全国范围内具有信用债券投资经历的机构投资者。

3. 中介机构：具有债券市场从业资质或经验的信用评级机构、会计师事务所、律师事务所。

4. 新型风险揭示机构：在传统中介机构之外补充提供发行人多维度风险揭示信息的机构，包括征信机构等。

5. 其他相关机构：试点方案相关方认为需要加入试点的机构。

第二节 业务流程

一、参与试点意愿申请

有意愿参与试点的发行人、中介机构、投资者、新型风险揭示机构需按照要求提交资质证明文件，经审核，如符合试点相关规则的，可通过签署《科技创新企业信用债券主协议》（附件1）加入试点。

二、债券发行意愿申请

有发行意向的发行人向中央结算公司申请启动债券受理流程。为确保其发行意愿真实性，发行人需同意接入相关原始数据，缴纳中介费用，由中央结算公司代为保管，并预先选择必要中介机构作为备选。

三、自选路演

前置投资者与发行人的沟通环节，发行人可自行选择是否开展自选路演。若发行人选择开展自选路演，可通过中央结算公司路演平台向潜在投资者进行宣介，展示公司情况及融资项目情况等，其中，非公开发行的自选路演在定向募集范围内进行。发行人可在自选路演后决定是否撤回债券发行申请。

四、票选中介机构

发行人提交发债意愿申请后，中央结算公司等金融基础设施发布投资者投票通知。在登记持有信用债的投资人按持有信用债规模通过传真或系统投票。1亿元持债规模为1票，得票最高的确定为最终选定的中介机构。① 投票结束后，中央结算公司生成中介机构选取结果。② 中介机构选取结果生成后，中央结算公司发布结果公告，公示参与投票的投资者名录、中介机构得票排名及得票比例。在债券存续期内，如果50%以上持有科创债的投资者提议重新选择中介机构，可以再次启动中介机构票选程序。

五、信息披露与路演问询

提交备案登记/注册申请时的信息披露。发行人可通过受理系统提交发行申报材料，除传统申报材料之外，绿色科创企业还需填报环境效益信息披露数据。如申报材料完备，则正式受理申请；如材料存在缺漏，则反馈发行人要求补正，补正后再受理申请。正式受理后，发行人需通过中债信息网同步披露申请文件，其中非公开发行的相关文件仅供定向募集范围内投资者查询。发行人需要授权新型风险揭示机构同时披露信用信息、企业信用风险监测信息、环境效益信息等数据报告。新型风险揭示机构官网通过在中债信息网设立友情链接展示，其中非公开发行的相关文件仅供定向募集范围内投资者查询。发行人每次披露的文件需明示标注为初稿、第一次修订、第二次修订或补充披露信息等情况。发行人在披露文件后5个工作日内任

---

① 当中介机构得票相同时，则由曾服务过的企业债券累计发行规模较高者作为最终当选的中介机构，如同票机构均无企业债券相关从业经历，则以曾服务过的债券发行规模作为标准。若投资人放弃选择中介机构权利，发行人初始选定的备选中介机构当选。

② 结果中包含各中介机构得票情况、投票给该机构的投资者数量、发行人初始选择是否生效等信息。

选一日在中债路演平台举行路演。问询主要包括投资者问询和备案登记/注册机构问询两种，投资者可在路演期间进行问询，也可以在路演系统留言问询。发行人自愿答复投资者提出的问询，必须答复备案登记/注册机构提出的问询。发行人及相关中介机构自收到备案登记/注册机构书面反馈意见之日起 15 个工作日内提交书面回复文件，对反馈意见进行逐项回复。回复意见涉及申请文件修改的，应当同时提交修改后的备案登记/注册申请文件及修改说明。因特殊情形需延期回复的，发行人应在回复期限届满前提交延期回复申请，说明延期理由和拟回复时间，延期回复时间原则上不超过 15 个工作日。因年度经审计的财务报告需要更新，且短期内难以重新提交申请文件的，延期回复时间最长不得超过 30 个工作日。投资者、备案登记机构的问询内容与发行人反馈意见均通过中债信息网披露，非公开发行科创企业债券仅需要按规定向定向募集范围内的投资者提供。

六、备案登记/注册审核

发行人提交申请后，注册申请文件自动推送至备案登记/注册机构进行备案/注册。对于非公开发行，备案登记机构专家审核组在发行人提供答复意见后对申请文件进行讨论并审议（专家审核组可由监管机构、自律组织、基础设施等机构人员组成），审议结束后提供审议意见。逾期未提供审议意见的，视为"同意备案登记"，备案登记机构设置专门部门印发备案登记通知书。备案登记/注册机构对申请文件拟披露信息的真实性、准确性和完整性进行审议，不对科创企业信用债券的投资价值及投资风险作实质判断。备案登记机构审核意见分为"同意备案登记"、"补充材料"和"不予备案登记"三种。如有反对意见，需通过中债信息网向定向募集范围内投资者进行公示。意见等相关文件公示以专家所在单位为主体名义发布，不以专家个人名义发布。对于科创企业信用债券公开发行，根据信用债券注册制审核的相关流程进行。

七、发行信息公示

发行人应不晚于发行前 5 个工作日，通过中债信息网完成发行前补充信息披露，公示最终版募集说明书、发行方案等材料，明确发行时间、定价区间等要素，供意向投资者参考。

八、债券发行

发行人通过中央结算公司簿记建档系统完成债券发行，确定发行价格与配售结果。

第三节　成本测算

根据课题报告中的专业机构收费标准（见附件 3），假设一家总资产规模为 8 亿元的企业发行一只规模为2亿元、期限为1年、票面利率为4.65%①的债券，且其发行成本主要由利息及专业机构服务费用组成②。其中，专业机构服务费用测算如表6－1所示：

表6－1　专业机构服务费用测算　　单位：万元

费用类型	信用评级费	审计费	律师费	承销费
专业机构服务费用	25＋20＝45	15＋（8－1）×10000×0.001＝85	10＋（8－1）×10000×0.0005＝45	依发行人与承销商协议确定，按发行规模的一定比例收取，此处假设收费比例为0.45%*，承销费用测算为2×10000×0.0045＝90万元
总计	专业机构服务费用总计：45＋85＋45＋90＝265（万元） 专业机构服务费用占发行规模比例：265/20000＝1.33%			

*中证协2018年发布的《公司债券承销业务收费情况行业通报》统计显示，697个公司债券项目平均承销费率为0.44%。

因此，该只债券发行时成本比率不低于4.65%＋1.33%＝5.98%，总发行成本不低于1196万元。与2021年的金融机构人民币贷款加权平均利率相比（见表6－2），仅就利息成本而言，案例中的企业发债成本（4.65%）及贷款成本（4.58%～4.63%）差异不显著，利率差保持在0.1%以内；考虑到贷款可能还需要的其他隐性成本投入，案例中的企业发债总成本（4.65%＋1.33%）及贷款总成本（4.58%～4.63%＋X%）实际差异将进一步缩小。

表6－2　金融机构人民币贷款加权平均利率　　单位：%

年月	一般贷款	企业贷款
2021－03	5.3000	4.6300
2021－06	5.2000	4.5800
2021－09	5.3000	4.5900

数据来源：Wind。

第四节　科创企业债券融资风险及应对措施

科创企业进行债券融资时，面临的主要风险大致可分为市场风险、信用风险和操作风险三类。

一、市场风险

利率风险方面，受宏观经济运行周期变化和国家宏观政策调控等因素的影响，市

① 根据Wind数据，截至2021年6月末，A市国家高新技术企业1年期债券利率加权平均值为4.65%。

② 根据调研反馈，发行成本主要由利息及专业机构服务费用组成，其他发行成本还包括担保费（若进行担保增信）、资产评估费（若进行资产抵质押增信）等，以上费用在企业贷款过程中同样存在，且具体收费情况均需根据发行实际而定；除以上项目外，其他成本支出占比均相对较低。

场利率具有波动性。从发行人的角度看，科创企业发展初期以轻资产运营为主，综合财务数据相对不完备，可能存在主体和债项评级较低，发行利率偏高的风险。从投资者的角度看，如果科创企业信用债券发行采用固定利率结构且期限较长，那么在债券存续期内，出现市场利率超预期上升，则可能使科创企业信用债券的投资者面临潜在投资收益相对下降的风险。

流动性风险方面，科创企业信用债券的上市或交易流通审批或核准事宜需要在债券发行结束后方能进行，无法保证科创企业信用债券一定能够在相关的证券交易场所上市流通，也无法保证科创企业信用债券在债券二级市场有活跃的交易。这将导致投资者在债券转让和临时性变现时出现困难。

二、信用风险

科创企业发展初期可能存在公司治理机制不完善、现金流不稳定、应收账款回收不确定性高、知识产权资产估值易大幅波动等情况，这些因素都将会在不同层面影响科创企业的盈利能力和债券估值定价。鉴于科创企业信用债券本息偿付以发行人的盈利能力为基础，在债券存续期内，如果出现不可控因素，则可能导致科创企业发行人无法从预期的还款来源获得充足资金支持，进而出现债券违约事件，导致整体潜在违约率偏高，信用风险偏大。

三、操作风险

操作风险主要体现在科创企业违规使用债券募集资金方面，即科创企业在实际经营过程中可能存在未按约定将募集资金全部投向既定用途的风险。

对于科创企业进行债券融资时所面临的一般市场风险、信用风险和操作风险，将由发行人完成风险防控机制安排并于债券募集说明书中披露。试点方案着重于多措并举降低科创企业信用债券发行综合成本费率，依法合规推动科创企业信用债券的违约处置工作。

四、应对措施

（一）应对发行综合成本费率偏高的措施

为在一定程度上防止发行综合成本费率过高导致发行人偿债压力较大及超过利率上限部分投资者难以维权等问题，可引入知识产权、碳排放权等无形资产质押增信及附加转股条款等措施，助力降低发行人债券票面利率和其他隐性成本。同时，可探索在试点期间，协助符合条件的发行人申报贴息等政策补贴和奖励，降低发行人实际支付成本，提升发行人积极性。

（二）应对债券违约及其次生影响的措施

为有效防范债券违约所带来的相关风险，可从市场机制建设、投资者互动交流、司法处置等方面进行着力，精准施策、妥善处置。

在市场机制建设方面，一是以“实验—试点—推广”三步走稳慎推动方案落地（详见下一节），设置试点总额度限制，明确试点边界与范围，引导国有担保机构提供增信支持。稳慎控制参与者范围，分步推进试点，同时参考 A 市民营企业发债计划工作安排，将试点总体额度初步设置为 100 亿元，将单只债券发行额度限定为 10 亿元。充分引导国有担保机构对科创企业信用债券进行增信，从而在一定程度上降低投资者风险，以吸引风险偏好相对较低的资金进入试点。

二是在事前、事中、事后全流程建立风险防控三级资金体系。事前、事中、事后环节分别指债券发行前、债券全生命周期及债券违约三个阶段。

在事前环节，畅通试点发行人申请当地贴息与奖补资金的渠道，降低发行人的资金偿付压力和流动性管理压力。

在事中环节，建立与 A 市纾困基金（以下简称纾困基金）政策性纾困工作的衔接机制，当符合纾困基金纾困条件的发行人陷入财务困境、出现违约风险时，由纾困基金通过股权注入、委托贷款等形式介入，作为风险防控的第二道资金防线，于潜在违约发生前提升发行人的付息兑付能力。

在事后环节，可以考虑由地方出资设立科创债试点专项先行赔付基金。在债券发生实质违约的场景下，可探索先行为发行规模在 3000 万元以下的中小微科创企业信用债券的投资者先行赔付，后续向发行人和中介机构追偿，不为企业经营风险承担责任。参考地方中小微企业银行贷款风险补偿资金池管理模式，可探索依据科创企业发行规模确定先行赔付比例。例如，对发行规模不高于 500 万元的，给予未偿付余额 40% 的赔付；对超过 500 万元但不高于 1500 万元的，给予 30% 的赔付；对超过 1500 万元但不高于 3000 万元的，给予 20% 的赔付。对战略性新兴产业等重点支持行业，给予未偿付余额 50% 的赔付。此外，凡是参与试点的科创企业的投资者均可按照上述标准获得赔付。

在投资者保护与舆论风险防范方面，可探索基于不同类别专业投资者的信息交互习惯，依托多元化信息分发渠道，从“明规则、识风险”等角度进行及时到位高频的政策宣介；同时，需打通双向交流渠道，协助投资者通过多种法律和非法律手段寻求救济，设立维权专线，让投资者发声有道、维权有门。

综上所述，债券违约处置如表 6－3 所示：

表 6－3　债券违约处置

法律手段	诉讼
	仲裁
	破产程序：破产和解、重整、清算
非法律手段	第三方代偿：担保求偿、非担保代偿
	抵押品处置
	自筹资金
	债务重组：政府介入、调整条款

在司法处置方面，科创债试点可充分发挥 A 市中级人民法院专门法庭在债券违约、欺诈发行、虚假陈述及破产案件中的作用。根据《全国法院审理债券纠纷案件座谈会纪要》，A 市科创债券违约案件由 A 市（发行人住所地）法院管辖，除非债券募集文件与受托管理协议另有约定；如诉讼标的额在 1 亿元以上，由 A 市中院管辖；如未达到 1 亿元，则由 A 市基层人民法院管辖①。科创企业信用债券欺诈发行、虚假陈述及破产案件，根据纪要规定，无论诉讼标的额大小，均由 A 市（发行人住所地）中级人民法院管辖。由 A 市中级人民法院管辖的债券纠纷案件根据案件性质由其金融法庭或破产法庭管辖。

从国内债券市场违约情况看，自 2014 年超日债违约首现，国内债券市场风险事件渐增，债券违约逐步走向常态化。2018 年债券违约有所增加，但是整体趋于稳定。债券违约打破了刚性兑付，是债券市场投资生态的一部分，也为投资者所接受。监管部门和司法机构主要打击的是逃废债行为。以华晨和永煤违约事件为例，当时这两个违约事件对市场冲击很大，但从当时的违约量和违约率看并不突出，这表明市场冲击主要来自这两家有恶意违约逃废债的倾向（见图 6－1）。

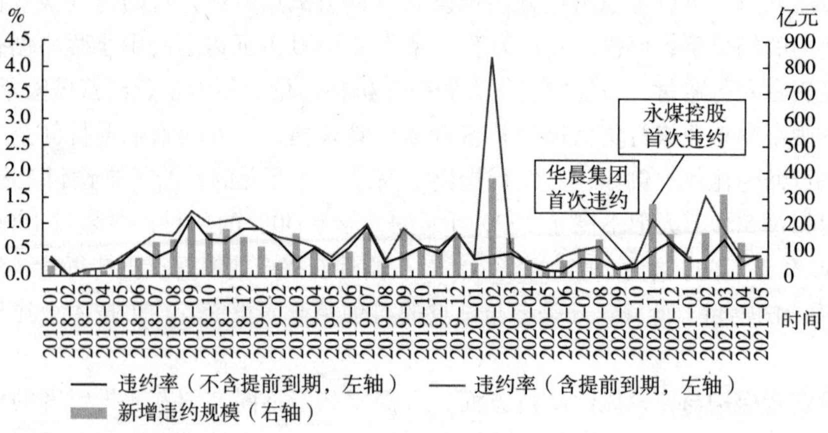

注 1：华晨集团于 2020 年 10 月首次发生债券违约，并于 2021 年 11 月申请破产重整。

注 2：永煤控股于 2020 年 11 月首次发生债券展期。

图 6－1　2018 年 1 月至 2021 年 5 月债券违约率统计

（资料来源：中央结算公司统计监测部）

上述机制安排将有助于有效应对各类风险，夯实试点工作基础，提升实践方案落地的可能性和工作质效，更好发挥债券市场在助力实体经济发展、有效防控金融风险

① 《最高人民法院关于调整中级人民法院管辖第一审民事案件标准的通知》：一、当事人住所地均在或者均不在受理法院所处省级行政辖区的，中级人民法院管辖诉讼标的额 5 亿元以上的第一审民事案件。二、当事人一方住所地不在受理法院所处省级行政辖区的，中级人民法院管辖诉讼标的额 1 亿元以上的第一审民事案件。……四、对新类型、疑难复杂或者具有普遍法律适用指导意义的案件，可以依照民事诉讼法第三十八条的规定，由上级人民法院决定由其审理，或者根据下级人民法院报请决定由其审理。

等方面的作用，也有助于稳慎引入创新理念、思路、举措和技术手段，为科创债券市场建设和扩容积累经验。

第五节　落地思路建议：“实验—试点—推广”三步走

基于科创企业债券融资现状与国内外债券市场实践发展经验，综合考虑A市资源禀赋优势，拟建议以“实验—试点—推广”三步走的总体落地思路，推动课题实践方案稳慎落地。具体来看，在实验阶段，建议在获得管理部门批准的基础上，选择一批代表性发行人（3家以内）、专业投资人（10家以内）和其他利益相关方，探索在A市创设科创企业信用债券融资沙箱（以下简称沙箱，也称沙箱实验）。沙箱实验开展前，需充分研究讨论债券久期，综合费率区间，发行、登记、托管、交易结算等价格和非价格条款与机制安排，稳慎推进沙箱实验开展，在实验过程中持续探索推动优化实验方案。待实验方案在沙箱中逐渐完善后，经主管部门批准，可探索继续依托原有的沙箱环境进入试点和推广阶段。

一、实验阶段

（一）实验阶段概述

在实验阶段，拟在A市创设科创企业信用债券融资沙箱，由主管部门批准一批有代表性的科创企业发行人（3家以内）、专业投资人（10家以内）以及其他专业服务机构（会计师事务所、律师事务所、评级机构、征信机构、担保机构等各不超过3家），在预设了发行规模、发行期限、担保情形、含权条款、行权情况、发行方式等方面的前提下由3家发行人分别完成3只实验债券的发行并走完债券的全流程（发行/登记/托管/交易/付息/行权/转股等），不断地在实验过程中优化创新方案。

（二）实验阶段预期产出

实验阶段是科创企业信用债券的基础阶段，需在业务及技术领域均形成相应远景目标和较为综合全面的产出规划。

在业务领域，实验阶段需完成3只标的债券的全业务流程，并基于实验情况形成动态更新的《主协议》、《发行规则》及《中介机构选聘及服务规则》。就风险防控而言，实验阶段需建立健全事前、事中、事后三级风险防范资金体系。在事前环节，可协助发行人在发行前对接贴息资金，探索形成长效政策衔接机制；在事中环节，可协助发行人在发行前对接纾困基金，并形成长效工作衔接机制，实验过程中，如预期出现违约情形，则可提前以股权注入与委托贷款形式进行化解；在事后环节，可探索创设先行赔付基金并形成基金管理办法，在实验过程中如出现特定情形则依规进行先行赔付。此外，实验阶段还需对接法务机构保障实验始终在合规边界内运行，进而形成长效工作衔接机制。当实验获得阶段性成果后，需形成《关于进行 A 市科创企业信用债券融资试点的政策建议》并提报管理部门批准。

在技术领域，就系统建设而言，实验阶段需完成科创债相关业务系统的前期准备和建设工作，研究开发基于区块链与大数据的沙箱实验系统，探索提供包括信息披露、中介选择、路演问询、风险监测方面的功能。与此同时，在数据归集方面，实验阶段需及时全面地归集各方面数据，并开展综合分析研判，以利于做好后期工作。

二、试点阶段

（一）试点阶段概述

在试点阶段，建议依托实验阶段已创设并完善的业务系统、规则体系和规模边界内，开展市场化的科创企业信用债券试点。经主管部门批准后，可探索扩大市场参与主体范围，不再对发行期限、担保、含权等规则条款进行预先限制，允许参与试点的各方主体基于实际的投融资需求和业务拓展需求，完成科创企业信用债券的发行与交易。

（二）试点阶段预期产出

试点阶段的产出是对实验阶段产出的承上启下、接续完善。在业务领域，试点阶段需完成本阶段所发行和交易的科创企业信用债券全面服务和支持保障工作，并基于试点情况形成更新版《主协议》、《发行规则》及《中介机构选聘及服务规则》。就风险防控而言，试点阶段需进一步完善沙箱实验阶段的风险防控机制，进一步优化贴息政策、纾困基金和规则完善等长效工作衔接机制，完善相关机制文书。

三、推广阶段

（一）推广阶段概述

在实验、试点成果得到各方面认可后，方可进入推广阶段。在推广阶段，可探索推动债券科创板的建设，面向高新技术企业推广科创企业信用债券融资试点过程中风险可控的优秀试点经验。

（二）推广阶段预期产出

推广阶段的预期产出不仅包括对试点阶段成果的承接，还包括对整个“实验—试点—推广”阶段的总结与回顾。在业务领域，推广阶段需完成本阶段科创企业信用债券的全流程业务支持工作。就风险防控而言，可探索继续坚持与完善实验、试点阶段的风险防控机制体系。此外，还需形成科创企业信用债券试点相关专著，对试点过程中的经验教训进行梳理总结，为金融创新领域的试点模式提供参考。

科创企业信用债券试点落地战略一览表如表 6－4 所示：

表 6-4　科创企业信用债券试点落地战略一览表："实验—试点—推广"三步走

试点阶段	要素概览	参与主体（主管部门批准）	限制条件	阶段完成标志（全段或阶段性进展）
沙箱实验（在预设的限制性条件下，完成 3 只实验债券的发行）	参与试点的市场机构数不超过 30 家 试点总规模不超过 10 亿元	主管部门（政府部门/法院） 基础设施（中央结算公司） 科创企业（预选 3 家） 投资机构（预选 10 家） 会计师事务所（预选 3 家） 律师事务所（预选 3 家） 评级机构（预选 3 家） 征信机构（预选 3 家） 担保机构（预选 3 家）	1. 限发行规模（总规模不超 10 亿元） 2. 限发行期限（1/2/3 年） 3. 限担保情形（无担保/外部担保/资产抵质押担保） 4. 限含权条款（可转股/回售/赎回等） 5. 限行权情况（转股/回售/赎回等） 6. 限发行方式（非公开发行） *3 家发行人分别进行 1 次实验发行，并在发行要素中体现上述限制条件	业务技术实施情况 在业务方面，3 只实验债券的全生命周期管理已完成并取得较为理想的实验结果，科创企业信用债券市场的运行机制已根据实验结果调整完善、机制体系总体上较为完备；在技术方面，科创企业信用债券市场的基础设施系统已可以在总发行规模 100 亿元以下的业务场景中平稳运行 政策建议报批情况 《关于进行 A 市科创企业信用债券融资试点的政策建议》获批实施。
创设试点（不提前设置限制条件）	参与试点的市场机构数不超过 100 家 试点总规模不超过 100 亿元	主管部门（政府部门/法院） 基础设施（中央结算公司） 科创企业（不超过 20 家） 投资机构（不超过 30 家） 会计师事务所（不超过 10 家） 律师事务所（不超过 10 家） 评级机构（不超过 10 家） 征信机构（不超过 10 家） 担保机构（不超过 10 家）	在试点总规模不超过 100 亿元的前提下，不再对发行期限、担保、含权等方面进行预先限制，允许参与试点的各方主体基于实际的投融资、业务拓展需求，完成科创企业信用债券发行与交易	业务技术实施情况 在业务方面，科创企业信用债券市场的运行机制已根据试点情况调整完善、机制体系总体上较为完备；在技术方面，科创企业信用债券市场基于区块链与大数据的基础设施系统已可以在面向全 A 市科创企业开放业务的情形下平稳运行 政策建议报批情况 《关于在 A 市推广科创企业信用债券融资试点经验的政策建议》获批实施
探索推广（试点成熟、探索推广）	探索建设债券科创板 面向 A 市甚至全国的科创企业推广试点经验	主管部门（政府部门/法院） 基础设施（公司信用类债券市场的基础设施/自律组织） 科创企业（A 市全部国家高新技术企业） 依法经营、符合条件的投资机构、会计师事务所、律师事务所、信用评级机构、征信机构、担保机构	探索面向 A 市甚至全国的高新技术企业推广科创企业信用债券融资试点过程中风险可控的优秀试点经验	业务技术实施情况（阶段性进展） 科创企业信用债券市场在业务、技术层面均可平稳运行，形成科创企业信用债券试点相关专著并适时出版 政策建议报批情况（阶段性进展） 《关于在公司信用类债券市场推广 A 市科创企业信用债券融资试点经验的政策建议》获批实施

参考文献

［1］王洋．促进高收益债市场高质量发展的思考和建议［J］．中国银行业，2022（1）：82－84．

［2］张鹏，王萌．高质量发展下的公司信用类债券市场展望［J］．中国货币市场，2021（11）：66－69．

［3］程昊，周竞宇．中国高收益债券投资策略研究［J］．金融市场研究，2021（9）：12－22．

［4］郑鸬捷．信用风险演化下如何投资境内高收益债券？［J］．金融市场研究，2021（8）：12－19．

［5］程昊．中国高收益债市场发展分析［J］．中国金融，2021（12）：62－63．

［6］钟正生，王梦汐．2021 年美国高收益企业债市场展望［J］．新理财（政府理财），2021（6）：64－66．

［7］苏莉，冯琳，梅佳，等．中国高收益债市场培育——基于国际经验及国内探索视角［C］//．创新与发展：中国证券业 2020 年论文集，2021：436－444．DOI：10．26914/c．cnkihy．2021．039627．

［8］章琼，姜乃月．我国公募高收益债券基金发展的研究［J］．中国货币市场，2021（4）：21－25．

［9］高远．高收益债投资策略浅析：择时篇［J］．债券，2021（4）：69－72．

［10］许艳，王海波，雷文斓．我国高收益债市场发展分析［J］．中国货币市场，2021（2）：33－37．

［11］余兆纬，孙悦．疫情下美国高收益债市场展望［J］．中国金融，2020（10）：83－84．

［12］东方金诚研发部高收益债研究小组．新证券法助力高收益债券市场发展［J］．债券，2020（4）：39－42．

［13］程昊，周竞宇．中美高收益债券市场发展比较研究［J］．区域金融研究，2020（3）：5－14．

［14］申万宏源课题组，周冰，尤左伟，邓浩，等．科创板运行中相关风险点与防范研究［J］．证券市场导报，2020（1）：2－10＋20．

［15］傅穹，卫恒志．表决权差异安排与科创板治理［J］．现代法学，2019，41（6）：91－103．

［16］胡晓明，武志平，黄锦忠．科创板企业价值评估方法选择研究［J］．中国资产评估，2019（11）：4－7＋33．

［17］谢贵春，胡睿超．科创板监管规则改革新导向：注重“持续经营能力”［J］．南方金融，2019（10）：67－74．

［18］张群辉．科创板双重股权结构制度研究——基于投资者保护的视角［J］．上海金融，2019（9）：17－22．DOI：10．13910/j．cnki．shjr．2019．09．003．

［19］荣艺华，李江．发展高收益债券市场　提升中国债券市场服务实体经济能力［J］．债券，

2019（9）：37-43.

[20] 梁伟亮．科创板实施下信息披露制度的两难困境及其破解［J］．现代经济探讨，2019（8）：125-132. DOI：10.13891/j.cnki.mer.2019.08.015.

[21] 李有星，潘政．科创板发行上市审核制度变革的法律逻辑［J］．财经法学，2019（4）：84-94. DOI：10.16823/j.cnki.10-1281/d.2019.04.008.

[22] 张萍．我国科创板注册制改革下信息披露制度研究［J］．海南金融，2019（5）：43-50.

[23] 吴长凤．我国经济周期下高收益债券与股票市场表现——高收益债券风险对冲之道探索［J］．中国证券期货，2019（2）：45-49. DOI：10.19766/j.cnki.zgzqqh.2019.02.009.

[24] 陈邑早，陈艳，王圣媛．以科创板注册制为起点建设高质量信息披露制度［J］．学习与实践，2019（4）：35-42. DOI：10.19624/j.cnki.cn42-1005/c.2019.04.004.

[25] 谭春枝，黄家馨，莫国莉．我国科创板市场可能存在的风险及防范［J］．财会月刊，2019（5）：143-149. DOI：10.19641/j.cnki.42-1290/f.2019.05.021.

[26] 陈洁．科创板注册制的实施机制与风险防范［J］．法学，2019（1）：148-161.

[27] 王邹雨．中小企业高收益债券市场发展研究［J］．知识经济，2019（1）：72-73. DOI：10.15880/j.cnki.zsjj.2019.01.039.

[28] 鲁桂华．从科创板看中国资本市场改革的路径选择［J］．财会月刊，2019（4）：3-8+178. DOI：10.19641/j.cnki.42-1290/f.2019.04.001.

[29] 邱继成，张暾．高收益债投资迎来机遇［J］．中国金融，2018（19）：85-86.

[30] 郭杰群．美国高收益债市场的发展与启示［J］．金融市场研究，2017（9）：64-69.

[31] 高莉，周知，刘巨松．高收益债市场发展的美国经验与中国路径［J］．金融市场研究，2017（3）：66-76.

[32] 肖兰华，徐信艳．缓解科创中小微企业融资难的新模式：投贷联动［J］．财会月刊，2017（2）：79-83. DOI：10.19641/j.cnki.42-1290/f.2017.02.013.

[33] 高峰，黄丽珍，李欢，等．风险与收益的博弈：解读中国式高收益债［J］．金融市场研究，2016（3）：66-74.

[34] 周文渊，张博，蔡年华．高收益债市场：待开辟的大蓝海［J］．金融博览（财富），2016（1）：73-75.

[35] 孙春涛，满雪东．发展高收益债券对接中小企业融资［J］．中国经贸导刊，2015（34）：75-77.

[36] 吕劲松．关于中小企业融资难、融资贵问题的思考［J］．金融研究，2015（11）：115-123.

[37] 方先明，吴越洋．中小企业在新三板市场融资效率研究［J］．经济管理，2015，37（10）：42-51. DOI：10.19616/j.cnki.bmj.2015.10.007.

[38] 高群山，黄伟平，唐跃．我国高收益债券的特性及投资价值［J］．债券，2015（6）：56-62.

[39] 姚耀军，董钢锋．中小企业融资约束缓解：金融发展水平重要抑或金融结构重要？— 来自中小企业板上市公司的经验证据［J］．金融研究，2015（4）：148-161.

[40] 邓海清，潘捷．中国版高收益债投资机会几何［J］．债券，2014（9）：69-72.

[41] 霍达，郑坤山．美国证券私募发行制度研究［J］．证券市场导报，2014（6）：4-8.

[42] 王晶．当前高收益债是否具备投资价值［J］．债券，2014（5）：72-74.

[43] 郭红玉，徐孛．美国高收益债券融资对我国中小企业私募债发展的启示［J］．北京金融评论，2013（4）：89－97.

[44] 徐寒飞，杨坤．中国高收益债市场形成的另类途径［J］．债券，2013（10）：36－43.

[45] 刘燕霄．美国高收益债券市场发展对我国私募债市场发展的借鉴［J］．金融经济，2013（14）：144－146.

[46] 牛少锋，黄立军，管延友．我国高收益债券市场发展路径研究［J］．南方金融，2013（7）：58－61.

[47] 曹萍．美国公司债券发行制度分析［J］．浙江工商大学学报，2013（4）：89－97. DOI：10.14134/j.cnki.cn33－1337/c.2013.04.010.

[48] 徐晓静．美国高收益债券市场发展经验及对我国的启示［J］．中国证券期货，2013（3）：55＋58.

[49] 郭娜．政府？市场？谁更有效——中小企业融资难解决机制有效性研究［J］．金融研究，2013（3）：194－206.

[50] 陈冰．证券私募发行准入制度研究［D］．武汉大学，2013.

[51] 曹萍．美国高收益债券风险特征与投资者保护机制探讨［J］．证券市场导报，2013（2）：59－65.

[52] 何志红．发行区域性高收益债解决经济金融运行中的“两多两难”问题研究［J］．浙江金融，2012（11）：23－25.

[53] 陆炫，余雅婷．我国发展高收益债券的国际借鉴［J］．中国证券期货，2012（10）：45.

[54] 陈颖健．高收益债券监管的法律问题研究——超越私募和公募界限的制度设计［J］．证券市场导报，2012（10）：4－13.

[55] 李湛．美国144A规则对发展我国中小企业私募债的启示［J］．金融与经济，2012（7）：44－47. DOI：10.19622/j.cnki.cn36－1005/f.2012.07.011.

[56] 陈腾龙，薛文忠．发展中小企业高收益债券市场的问题及建议［J］．证券市场导报，2012（6）：73－77.

[57] 章麒．中国市场发展高收益债券研究［D］．上海交通大学，2012.

[58] 张明喜，徐镱菲．发行高新技术企业高收益债券的探讨［J］．南方金融，2012（5）：70－72.

[59] 王佳雨．并购重组需要发挥并购基金和高收益债券等债券产品的作用［J］．中国林业经济，2012（3）：50－52. DOI：10.13691/j.cnki.cn23－1539/f.2012.03.014.

[60] 罗航，罗莎．高收益债券的国际经验和评级技术借鉴［J］．征信，2012，30（2）：7－11.

[61] 赵一佳．美国证券法下“适当性”原则探究［J］．北京仲裁，2012（1）：96－125. DOI：10.13611/b.cnki.978－7－5093－3452－2.2012.01.003.

[62] 韩韬．双刃高收益债［J］．金融世界，2012（3）：88－89.

[63] 陈杰．美国场外市场的制度变迁及对我国的借鉴［J］．武汉金融，2011（7）：29－32.

[64] 廖志敏，陈晓芳．强制披露理论依据之批评［J］．北京大学学报（哲学社会科学版），2009，46（5）：136－145.

[65] 吴家曦，李华燊．浙江省中小企业转型升级调查报告［J］．管理世界，2009（8）：1－5＋9. DOI：10.19744/j.cnki.11－1235/f.2009.08.001.

[66] 李建伟，王艸人．美国证券私募发行豁免规则的修正及启示［J］．证券市场导报，2008

(9): 51-56.

[67] 张烨. 美国证券市场投资者保护立法的历史演进及对我国的启示 [J]. 现代财经(天津财经大学学报), 2008 (5): 81-84+89. DOI: 10.19559/j.cnki.12-1387.2008.05.017.

[68] 卢文道. 美国法院介入证券交易所自律管理之政策脉络 [J]. 证券市场导报, 2007 (7): 4-16.

[69] 闫俊宏, 许祥秦. 基于供应链金融的中小企业融资模式分析 [J]. 上海金融, 2007 (2): 14-16.

[70] 李强. 发达国家证券市场监管法律的比较及借鉴 [J]. 河南大学学报(社会科学版), 2006 (5): 98-102. DOI: 10.15991/j.cnki.411028.2006.05.024.

[71] 杨丰来, 黄永航. 企业治理结构、信息不对称与中小企业融资 [J]. 金融研究, 2006 (5): 159-166.

[72] 李华晶, 张玉利. 高管团队特征与企业创新关系的实证研究——以科技型中小企业为例 [J]. 商业经济与管理, 2006 (5): 9-13. DOI: 10.14134/j.cnki.cn33-1336/f.2006.05.002.

[73] 马其家. 美国证券法上虚假陈述民事赔偿因果关系的认定及启示 [J]. 法律适用, 2006 (3): 48-51.

[74] 杨胜刚, 胡海波. 不对称信息下的中小企业信用担保问题研究 [J]. 金融研究, 2006 (1): 118-126.

[75] 陈晓红, 刘剑. 不同成长阶段下中小企业融资方式选择研究 [J]. 管理工程学报, 2006 (1): 1-6.

[76] 陈舜. 美国证券法中的控制人责任 [J]. 证券市场导报, 2005 (10): 4-11.

[77] 马江河. 美国证券市场操纵认定标准研究 [J]. 证券市场导报, 2005 (8): 47-54.

[78] 林毅夫, 孙希芳. 信息、非正规金融与中小企业融资 [J]. 经济研究, 2005 (7): 35-44.

[79] 梁冰. 我国中小企业发展及融资状况调查报告 [J]. 金融研究, 2005 (5): 120-138.

[80] 方芳, 曾辉. 中小企业融资方式与融资效率比较 [J]. 经济理论与经济管理, 2005 (4): 38-42.

[81] 苗壮. 美国证券法强制披露制度的经济分析 [J]. 法制与社会发展, 2005 (2): 101-110.

[82] 杨郊红. 美国上市公司信息披露制度的变迁及启示 [J]. 证券市场导报, 2005 (4): 48-51.

[83] 李伯侨, 卢书桃. 美国证券信息披露制度改革评述——兼论对我国《证券法》修改的启示 [J]. 经济师, 2005 (3): 102-103.

[84] 陈宝森.《证券法》和《证券交易法》是美国证券市场的两尊"守护神" [J]. 法人杂志, 2004 (1): 128+130.

[85] 范柏乃, 朱文斌. 中小企业信用评价指标的理论遴选与实证分析 [J]. 科研管理, 2003 (6): 83-88. DOI: 10.19571/j.cnki.1000-2995.2003.06.014.

[86] 廖凡. 鼓励与强制之间——美国证券法对前瞻性信息披露的规定 [J]. 金融法苑, 2003 (3): 34-39.

[87] 周兆生. 中小企业融资的制度分析 [J]. 财经问题研究, 2003 (5): 27-32.

[88] 李挺伟. 美国证券法规有关注册会计师的法律责任 [J]. 中国注册会计师, 2003 (3): 45-

48 +3.

[89] 王朝弟．中小企业融资问题与金融支持的几点思考［J］．金融研究，2003（1）：90 - 97.

[90] 郭斌，刘曼路．民间金融与中小企业发展：对温州的实证分析［J］．经济研究，2002（10）：40 - 46 +95.

[91] 魏守华，刘光海，邵东涛．产业集群内中小企业间接融资特点及策略研究［J］．财经研究，2002（9）：53 - 60. DOI：10. 16538/j. cnki. jfe. 2002. 09. 009.

[92] 曹凤岐．建立和健全中小企业信用担保体系［J］．金融研究，2001（5）：41 - 48.

[93] 林毅夫，李永军．中小金融机构发展与中小企业融资［J］．经济研究，2001（1）：10 - 18 + 53 - 93.

[94] 吴群慧．美国金融监管制度改革：金融业的分与合［J］．证券市场导报，2000（2）：4 - 14.

[95] 贺力平．克服金融机构与中小企业之间的不对称信息障碍［J］．改革，1999（2）：14 - 16 +26.

[96] 周平等．中国区块链技术和应用发展白皮书（2016）［R］．中国区块链技术和产业发展论坛，2016：5.

[97] 中国信息通信研究院，区块链白皮书［R］．中国信息通信研究院，2021：1.

[98] 袁博等．隐私计算白皮书（2021 年）［R］．隐私计算联盟，2021：1.

[99] 吴因佥等．隐私计算与区块链技术融合研究报告［R］．隐私计算联盟，2021：41.

[100] 陈枫．于注册制下生机盎然——论企业债券的“变”与“不变”［J］．债券，2021（4）：22 - 24.

[101] 陈森．公司信用类债券信息披露标准化建设研究［C］．第十八届中国标准化论坛论文集，2021：1256 - 1257，1263.

[102] 丁宇翔．证券虚假陈述前置程序取消的辐散效应及其处理［J］．财经法学，2021（5）．

[103] 郭雳．注册制下我国上市公司信息披露制度的重构与完善［J］．商业经济与管理，2020（9）：92 - 101.

[104] 蒋大兴．隐退中的“权力型”证监会——注册制改革与证券监管权之重整［J］．法学论坛，2014（2）：39 - 53.

[105] 沈朝晖．流行的误解：“注册制”与“核准制”辨析［J］．证券市场导报，2011（9）：14 - 23.

[106] 许艳，王海波．债券发行门槛降低，审核注册流程简化——新证券法及配套文件点评［J］．债券，2020（4）：29 - 32.

[107] 李文莉．证券发行注册制改革：法理基础与实现路径［J］．法商研究，2014（5）：115 - 123.

[108] 李燕，杨淦．美国法上的 IPO“注册制”：起源、构造与论争——兼论我国注册制改革的移植与创生［J］．比较法研究，2014（6）：31 - 42.

[109] 王冠男．战略先导，使命驱动，助推企业债券市场高质量发展［J］．债券，2021（3）：22 - 24.

[110] 王啸．美国“注册制”的四大难题与中国资本市场改革的思考［J］．证券市场导报，2015（1）：4 - 12.

[111] 冯果等．债券市场风险防范的法治逻辑［M］．北京：法律出版社，2016.

[112] 中国证券监督管理委员会编译．欧盟证券监管法规汇编［M］．北京：法律出版社，2013.

[113] 中国证券监督管理委员会编译. 美国《1933 年证券法》及相关证券交易委员会规则与规章 [M]. 北京: 法律出版社, 2015.

[114] 中国证券监督管理委员会编译. 美国《1934 年证券交易法》及相关证券交易委员会规则与规章 [M]. 北京: 法律出版社, 2015.

[115] 董裕平等译. 多德—弗兰克华尔街改革与消费者保护法案 [M]. 北京: 中国金融出版社, 2010.

[116] 王为雄. 注册制下证券服务机构的“看门人”职责与监管机制问题探析——基于美国证券立法的启示 [J]. 金融理论与实践, 2022 (6): 62 – 70.

[117] 马林影. 金融危机中美国信用评级机构行为分析及监管改革研究 [D]. 吉林大学, 2014.

[118] 周俊杰. 信用评级机构监管法律问题研究 [D]. 武汉大学, 2014.

[119] 黄国平. 评级功能视角下的利益冲突和付费模式 [J]. 证券市场导报, 2012 (10): 67 – 72.

[120] 朱悦蘅, 叶兵. 信用评级机构的角色冲突与法律监管 [J]. 西南金融, 2011 (12): 70 – 73.

[121] 百行征信. (2022 年 9 月 30 日). 百行征信官网. 检索来源: https: //www. baihangcredit. com/ main/ about/ profile.

[122] 微众信科. (2022 年 9 月 30 日). 微众信科官网. 检索来源: https: //www. vzoom. com/ vzoom – netweb/ about – us. html + https: //www. vzoom. com/ vzoom – netweb/ credit – services. html.

[123] 本应科技. (2022 年 9 月 30 日). 本应科技官网. 检索来源: https: //home. lontologie. com/ about/ team. html.

[124] 德勤. (2022 年 9 月 30 日). 德勤官网. 检索来源: 德勤智慧债券: https: //ibond. deloitte. com. cn/ webIndex/ index. html? serviceType = 0.

[125] 欧拉图谱. (2022 年 9 月 30 日). 欧拉图谱官网. 检索来源: https: //www. olatop. com/ about – us.

[126] 中央结算公司高收益债课题组. 探索试点建设中国高收益债市场 [J]. 债券, 2022 (10): 33 – 37.

◎附件 1

科技创新企业信用债券主协议（草拟稿）

为拓宽科创企业融资渠道，保护投资者合法权益，根据《中华人民共和国证券法》、《征信业管理条例》（中华人民共和国国务院令第 631 号）、《科技创新企业信用债券发行规则》（以下简称《发行规则》，详见本书附件 2）等有关规定，业务参与各方在平等、自愿的基础上签署本协议。

第一章　基本条款

第一条　业务参与各方签署主协议之后，科创企业信用债券相关事宜适用主协议。

第二条　主协议签署方均承诺接受国家有关债券的法律法规，信用债现行业务操作规则以及科创企业信用债券发行规则和附属细则的约束。

第三条　主协议签署方均同意加入科创企业信用债券区块链联盟链（以下简称联盟链），切实履行联盟链成员的各项义务，并享有相应权利。签署方应同意科创企业信用债券相关信息数据上链存证、不可擅自篡改、向指定成员开放读取权限、使用区块链簿记建档系统完成发行申购和配售程序，同时享有根据权限读取自身及其他成员的相关上链信息数据，以及对联盟链的运行和维护机制提出意见建议的权利。

第四条　主协议签署方承诺其与相对方签署的其他协议与主协议内容不存在冲突。

本协议主要名词释义

（一）科创企业：由科技部、财政部和税务总局组成的全国高新技术企业认定管理工作领导小组依据《高新技术企业认定管理办法》认定的全国高新技术企业和地方相关管理部门依据高新技术企业认定管理办法认定的高新技术企业。

（二）投资者：全国范围内具有企业信用债券投资经历的机构投资者。

（三）中介机构：具有债券市场从业资质或经验的信用评级机构、会计师事务所、律师事务所。

（四）新型风险揭示机构：在传统中介机构之外补充提供发行人多维度风险揭示信息的机构。

第二章　发行人

第五条　发行人同意由投资者在具备相应资质的信用评级机构、会计师事务所和律师事务所中投票选择为其提供科创企业信用债券发行服务的中介机构。

第六条　发行人启动科创企业信用债券申请流程后，按照收费标准全额预付中介费用交由中央结算公司保管。

第七条　发行人授权新型风险揭示机构获取其税务、电力等非公开基础数据，并向合格投资者提供数据分析报告。

发行人授权新型风险揭示机构（勾选后生效）：

□向投资者之外的公众提供数据分析报告；

□向投资者提供基础数据；

□向投资者之外的公众提供基础数据。

第八条　发行人同意将簿记建档发行申购过程和结果数据在联盟链上存证，并向联盟链成员开放对应的读取权限。

第三章　中介机构

第九条　中介机构有权在中介机构票选程序启动之前提交放弃参与票选的声明/报名参与票选。

第十条　中介机构承诺，经投资者投票选定为科创企业信用债券信用评级机构/会计师事务所/律师事务所，将依照约定提供相关服务，并根据收费标准收取中介服务费用。

第十一条　参与中介机构投票选择机制的中介机构同意中介机构投票选择过程和结果数据在联盟链上存证，并向联盟链成员开放投票结果数据读取权限。

第四章　投资者

第十二条　持有信用债券的投资者有权按照其持债规模投票选择科创企业信用债券信用评级机构、会计师事务所、律师事务所。

第十三条　投资者有义务诚信行使投票权利，禁止投资者滥用投票权利为己谋利或发行人谋利。

第十四条　投资者同意将中介机构投票选择过程和结果数据在联盟链上存证，并向联盟链全体成员开放投票结果数据读取权限。

第十五条　投资者同意将簿记建档发行申购过程和结果数据在联盟链上存证，并向联盟链成员开放对应的读取权限。

第五章　新型风险揭示机构及系统

第十六条　新型风险揭示机构可自主获取发行人的工商、专利等公开信息，经发行人授权，可获取税务、电力等非公开信息。

第十七条　新型风险揭示机构应当遵循独立、客观、公正和审慎性原则，勤勉尽责，诚信经营，不得损害国家利益、社会公共利益和市场主体合法权益。

第十八条 中央结算公司为新型风险揭示机构提供数据产品展示平台。

第十九条 新型风险揭示机构应确保其合法经营，如合同履行期间出现严重违法情形，本合同对其将不再具有效力。

第六章 保密与信息披露

第二十条 未经信息所涉主体事先书面同意，任何一方不得将与科创企业信用债券发行相关的任何信息向联盟链之外人士或联盟链之内无权限查阅方披露，但本条第二款的法定信息披露和第三款的约定信息披露除外。

本条不限制协议签署方根据法律的要求，将与科创企业信用债券相关的信息进行披露。

协议签署方同意其他方将有权获取的信息披露予其关联方、外部专业顾问或服务提供者，但是披露方应确保其关联方、外部专业顾问或服务提供者对所披露的信息承担保密义务。

第七章 违约责任

第二十一条 中介机构经投票选定之后，如发行人放弃提交科创企业信用债券申报材料，应按照预付费用的20%向被选定的中介机构支付违约金。

如中介机构未能在《发行规则》规定的期限内完成科创企业信用债券发行相关工作，每延迟1日应按照预付费用的1%向发行人支付违约金。

如果合同履行期间任何一方出现其他违约情形，协议签署方可协商解决。若协商不一致，守约方有权要求违约方就违约所导致的实际损失进行赔偿。

第八章 其他条款

第二十二条 因不可抗力事件或一方无法控制的其他事件，如系统、设备、通信出现故障，停电等突发事故给其他签署方造成损失的，任何一方不就此承担责任。但得知事件发生的一方应及时通知其他签署方，并尽力减少因此而产生的损失。

第二十三条 本协议的订立、效力、解释、履行及争议解决均适用中华人民共和国法律。

第二十四条 在履行本协议期间，协议签署方如有争议，可通过友好协商解决。如协商不成或未进行协商，任何一方有权将争议提交有管辖权的人民法院解决。

第二十五条 主协议为开放式协议，签署方有效签署后即在已签署主协议的各签署方之间生效。主协议应以法定代表人或授权签字人签字或盖章并加盖公章的方式签署。

第二十六条 本协议未尽事宜，由协议签署方友好协商并签署补充协议解决，补充协议内容不得与本协议内容相冲突。

主协议签署页

签署机构：
法定代表人或授权签字人姓名：
法定代表人或授权签字人签字（盖章）：
签署时间：
签署地点：

签署机构公章：

签署机构地址：
联系电话：
传真号码：
联系人：
电子邮箱：

◎附件 2

科技创新企业信用债券发行规则（试点方案建议草拟稿）

为拓宽科创企业融资渠道、保护投资者合法权益，根据《中华人民共和国证券法》（以下简称《证券法》）、《国务院办公厅关于贯彻实施修订后的证券法有关工作的通知》（以下简称《国办通知》）等有关规定，制定本规则，作为试点方案建议的补充内容。

第一条 【科创企业信用债的定义】本规则所称科技创新企业信用债券（以下简称科创企业信用债）是指由科技部、财政部和税务总局组成的全国高新技术企业认定管理工作领导小组依据《高新技术企业认定管理办法》认定的全国高新技术企业和地方相关管理部门依据高新技术企业认定管理办法认定的高新技术企业发行的债券。

第二条 【整体框架】科创企业信用债注册申请程序、注册申请文件、募集说明书内容与格式等本规则没有特殊规定的，暂参照《公司信用类债券信息披露管理办法》规定执行。

第三条 【备案登记/注册机构】科创企业信用债非公开发行的，应在科创企业信用债备案登记机构（以下简称备案登记机构）进行备案登记，备案登记机构设专家审核组，按照本规则要求开展科创企业信用债备案登记等相关工作。科创企业信用债公开发行的，按照《证券法》的相关规定进行注册。

第四条 【备案登记/注册机构不作实质性判断】同意备案登记/注册不代表对科创企业信用债的投资价值及投资风险进行实质性判断。备案登记/注册不能免除企业及相关中介机构真实、准确、完整、及时披露信息的法律责任。投资人应当自主判断投资价值，自担投资风险。

第五条 【备案登记/注册内容和过程公开】科创企业信用债备案登记/注册发行工作应遵循公开、公平、公正的原则。科创企业信用债备案登记/注册申请文件、流程、结果等信息对外披露，接受社会监督。

第六条 【科创企业信用债的备案登记】科创企业信用债具体备案登记标准和流程由中央结算公司制定并公开披露。

第七条 【发行条件】公开发行科创企业信用债，应当符合下列条件：

（一）具备健全且运营良好的组织架构；

（二）最近三年平均可分配利润足以支付债券一年利息；

（三）国务院规定的其他条件。

第八条　【发行方式与信息披露】科创企业信用债可以公开发行，也可以非公开发行。公开发行与非公开发行的信息披露内容与形式一致，均按照本规则进行信息披露。

第九条　【募集资金用途】企业发行科创企业信用债所募集的资金应用于符合国家法律法规及政策要求的企业生产经营活动，并在发行文件中明确披露具体资金用途。企业在科创企业信用债存续期内变更募集资金用途应提前披露。

第十条　【信息披露的内容】除按照一般信用债券相关要求进行信息披露外，发行人还应当披露以下事项：

（一）备案登记/注册机构的问询函及发行人反馈意见；

（二）历次补正文件；

（三）备案登记/注册机构规定的其他需要披露的事项。

第十一条　【信息披露的方式】发行人在披露文件后的5个工作日内任选1日举行路演。投资者可在发行人披露文件后的5个工作日内提出问询，发行人可即时答复或在补正文件中补充答复意见。路演和问询交流平台由中央结算公司提供。备案登记/注册机构可在投资者问询结束的5个工作日内提出问询函。

信息披露义务人应当在规定期限内如实报告或者回复备案登记/注册机构的问询事项；自愿披露投资者提出的问询，自愿披露应当符合信息披露有关要求，遵守有关监管规定。

发行人及相关中介机构自收到备案登记/注册机构书面反馈意见之日起15个工作日内提交书面回复文件，对反馈意见进行逐项回复。回复意见涉及备案登记/注册申请文件修改的，应当同时提交修改后的申请文件及修改说明。因特殊情形需延期回复的，发行人应在回复期限届满前提交延期回复申请，说明延期理由和拟回复时间，延期回复时间原则上不超过15个工作日。因年度经审计的财务报告需要更新，且短期内难以重新提交申请文件的，延期回复时间最长不得超过30个工作日。

第十二条　【信息披露的时点】中央结算公司受理科创企业信用债备案登记/注册申请文件的次一工作日，发行人应将信息披露情况通过中国债券信息网向市场公告。中央结算公司受理申请后至备案登记/注册机构作出注册决定前，发行人应根据实际情况对发行文件予以持续更新并披露。

（发行人应在募集说明书的显要位置声明：预披露不具有据以发行债券的法律效力，投资者应以正式公告的募集说明书作为投资决定的依据。）

第十三条　【特殊信息披露：新型风险揭示机制】新型风险揭示机制是指由信用评级机构、会计师事务所、律师事务所等传统中介机构之外的机构根据发行人授权提供数据披露和分析报告。

新型风险揭示机构申请为科创企业信用债提供服务，应当符合下列条件：

（一）数据采集渠道合法合规；

（二）具备健全的数据安全管理制度和管理机构；

（三）机构及其控股股东、实际控制人、董事、监事和高级管理人员近三年内无违法违规和失信记录。

发行人应授权新型风险揭示机构获取其税务、电力等非公开信息，并向投资者提供新型风险揭示数据分析报告。发行人可自愿授权新型风险揭示机构向投资者提供基础数据或将数据产品提供给投资者之外的公众。

发行人不对新型风险揭示机构提供的报告承担信息披露的法定责任，报告仅供投资者对法定注册申请文件的真实性进行判断。

新型风险揭示机构提供服务应当遵循独立、客观、公正和审慎性原则，勤勉尽责，诚信经营，不得损害国家利益、社会公共利益和市场主体合法权益。具体标准和工作程序及其调整，应当予以充分披露。

第十四条　【中介机构选择】信用评级机构、会计师事务所、律师事务所（以下简称中介机构）由投资者投票选择。发行人在启动中介机构选择流程时支付中介费用，由中央结算公司代为保管。选聘结果确认后，由中央结算公司代为支付中介费用的50%，债券发行结束后由中央结算公司代为支付剩余费用。中介机构投票选择的具体规则由中央结算公司制定。发行人一年内再次发行科创企业信用债可以聘用与前次发行相同的中介机构，不需要投资者重新投票选择。

第十五条　【自动备案登记制度】科创企业信用债非公开发行实行自动备案登记制度，科创企业信用债发行人提交申请后，经过信息披露和本规则第十一条规定的问询机制后，备案登记机构和投资者在30个工作日内均无异议，即可自动予以备案登记。

【方案一】

第十六条　【备案登记】发行人提交备案登记申请后，申请文件自动推送至备案登记机构（专家审核组）审核。备案登记机构（专家审核组）在发行人提供答复意见后的十五个工作日对申请文件进行讨论并审议，审议结束后在五日内提供审议意见。逾期未提供审议意见的，视为“同意备案登记”。备案登记机构（专家审核组）对申请文件拟披露信息的真实性、准确性和完整性进行审议，排除对发行文件存在虚假记载、误导性陈述或者重大遗漏等信息披露方面的存在合理怀疑，则可予以备案登记。

备案登记机构（专家审核组）注册意见分为“同意备案登记”、“补充材料”和“不予备案登记”三种。5名专家均发表“同意备案登记”意见的，最终意见为“同意备案登记”；1名及1名以上专家发表“补充材料”意见的，最终意见为“补充材料”；1名及1名以上专家发表“不予备案登记”意见的，最终意见为“不予备案登记”。逾期未提供审议意见的，视为发表“同意备案登记”意见。

备案登记机构（专家审核组）可以要求企业或相关中介机构作出解释说明，或者补充、修改申请文件。发行人应当在收到申请文件的 5 日内提供补充材料。

【方案二】

第十六条　【注册】公开发行科创企业信用债的审核机构、受理审核程序以及相关工作机制仍以现行管理规则为准。

◎附件3

科技创新企业信用债券信用评级机构、会计师事务所、律师事务所选聘及服务规则（试点方案建议草拟稿）

为规范中介机构合规展业、提高中介机构服务客观中立性，根据《中华人民共和国证券法》、《中华人民共和国价格法》、《国务院办公厅关于贯彻实施修订后的证券法有关工作的通知》、《国家发展改革委关于企业信用债券发行实施注册制有关事项的通知》（发改财金〔2020〕298号）和《科技创新企业信用债券发行规则（征求意见稿）》（以下简称《发行规则》）等有关规定，参考《信用评级业管理暂行办法》《律师事务所从事证券法律业务管理办法》（以下简称《管理办法》）制定本规则。发行人发行科技创新企业信用债券选聘的信用评级机构、会计师事务所和律师事务所（以下简称中介机构）原则上由投资者投票选择，具体选聘流程以及服务规则如下。

第一条 【总体规则】依照《发行规则》，发行科创企业信用债券的企业应当依据本规则选聘信用评级机构、会计师事务所和律师事务所。参加科创企业信用债券发行的信用评级机构、会计师事务所和律师事务所提供评级服务、审计服务、法律服务和其他服务，应当依据本规则收取服务费用。

第二条 【基本原则】中介机构选聘标准、流程以及服务收费需遵循公开、公平、公正的基本原则。

第三条 【信用评级机构入选规则】为科创企业信用债券提供信用评级业务的评级机构需具备以下条件：

（一）在交易所完成备案并在银行间债券市场具备评级资质；

（二）最近1年内未因违法执业行为受到行政处罚或自律处分。

第四条 【会计师事务所入选规则】为科创企业信用债券提供审计业务的会计师事务所需具备以下条件：

（一）具备银行间和交易所证券从业资格的会计师事务所；

（二）最近1年内未因违法执业行为受到行政处罚或自律处分。

第五条 【律师事务所入选规则】为科创企业信用债券提供法律业务的律师事务所需具备以下条件：

（一）内部管理规范，风险控制制度健全，执业水准高，社会信誉良好；

（二）有20名以上执业律师，其中5名以上曾从事过证券法律业务、1名以上曾从事过债券法律业务；

（三）已经办理有效的执业责任保险；

（四）近1年未因违法执业行为受到行政处罚；

（五）《管理办法》等其他相关规则的规定。

律师事务所在申请加入试点时需提供满足以上条件的相关材料。

第六条　【投票系统】由中央结算公司为发行人投票选择中介机构提供必需的系统和基础设施服务。

第七条　【启动投票选择流程】【方案一】发行人提交科创企业信用债券发行意愿申请时，同步启动中介机构选择流程，填写中介机构招选意愿和条件，预先选择一家中介机构作为备选。由中央结算公司发布投票启动通知，投票通知中应明确投票时间、投票规则、投票注意事项等内容并在中国债券信息网公示。中介机构报名参加，投资者在已报名的中介机构中投票选择，投票选择流程应在3个工作日内完成。

【方案二】发行人提交科创企业信用债券发行意愿申请时，同步启动中介机构选择流程，填写中介机构招选意愿和条件，预先选择一家中介机构作为备选。由中央结算公司发布投票启动通知，投票通知中应明确投票时间、投票规则、投票注意事项等内容并在中债信息网公示。如中介机构不参加当次科创债发行，需在投票前声明退出并通知中央结算公司，由中央结算公司公示并在当次备选名单中删除该中介机构。投票选择流程应在3个工作日内完成。

第八条　【投票招选规则】投资人按持有信用债规模投票，1亿元持债规模为一票，得票最高者为最终选定的中介机构。最高得票者出现票数相同时，则由曾服务过的信用债券累计发行规模较高者作为最终当选的中介机构，如同票机构均无信用债券相关从业经历，则以曾服务过的债券发行规模作为标准。若投资人放弃投票权利，发行人预先设定的备选中介机构当选为最终选定的中介机构。

第九条　【投票招选结果】中央结算公司统计投票数量和生成中介机构招选结果，通过投票系统和中债信息网发布结果公告。

第十条　【缴费机制】发行人启动中介机构选择流程后，按照公允收费标准全额一次性预付中介费用交由中央结算公司保管，债券发行结束后拨付中介机构。

第十一条　【缴费计算方法】收费服务采用计件收费方式。综合考虑工作量、复杂程度以及承担的审核风险等因素，运用相关性分析、断点分析、中位数分析等统计分析方法确定收费标准。

（一）信用评级机构。发行人主体评级25万元，债项评级20万元，跟踪评级每年10万元。

（二）会计师事务所。审计费不低于15万元，按发行人总资产规模实行差额定率累进计费。

（三）律师事务所。律师服务费不低于10万元，按发行人总资产规模实行差额定率累进计费。

第十二条 【服务规则】投票结果公告后，中介机构进入正式提供服务阶段。会计师事务所应在当选后60个工作日内完成发债相关审计工作，评级机构应在当选后75个工作日内完成信用评级报告初稿，律师事务所应在当选后80个工作日内完成发债相关法律合规性审核。

第十三条 【终止与违约】如发行人在投票选择结束后放弃申请科创企业信用债券，则受理终止，需按照合同约定承担违约赔偿。如中介机构当选后拒绝提供中介服务超过两次，该机构不再具备被选为科创债券中介机构资格。

科技创新企业信用债券发行审计费收取标准

总资产 X	审计费/费率	累交审计费/万元	审计费计算公式/万元
0～1亿元	15万元	0	15
1亿元～5亿元	0.001	0+15	15+（X-1）×10000×0.001
5亿元～50亿元	0.0001	15+（5-1）×10000×0.001	55+（X-5）×10000×0.0001
50亿元～100亿元	0.00006	55+（50-5）×10000×0.0001	100+（X-50）×10000×0.00006
100亿元以上	0.00002	100+（100-50）×10000×0.00006	130+（X-100）×10000×0.00002

科技创新企业信用债券发行律师服务费收取标准

总资产 X	律师费/费率	累交律师费/万元	律师费计算公式/万元
0～1亿元	10万元	0	10
1亿元～10亿元	0.0005	0+10	10+（X-1）×10000×0.0005
10亿元～50亿元	0.00002	10+（10-1）×10000×0.0005	55+（X-10）×10000×0.00002
50亿元～100亿元	0.000006	55+（50-10）×10000×0.00002	63+（X-50）×10000×0.000006
100亿元以上	0.000002	63+（100-50）×10000×0.000006	66+（X-100）×10000×0.000002